사리구

글/김희경 ● 사진/손재식

대원사

김희경 ─────────

함남 영홍 출생으로 동국대학교를 졸업하고 성균관대학교 대학원 사학과(미술사)를 전공했다. 현재 '한국미술사학회' '한국범종연구회' 평의원으로 있으며 동국대에 출강중이다. 탑파 연구로 제1회 우현상을 수상했다. 편저로 「한국탑파목록」 「한국탑파사리목록」 「한국탑파연구자료」 「한국범종목록」 「탑속에 설치된 사리장치」 등이 있으며 논문으로는 「한국범종소고」 「한국탑파사리장치소고」 「한국건탑인연의 변천」 「한국탑파의 사리병양식고」 「한국탑파연구의 과거와 현재」 등과 저서 「탑」(한국의 미술2, 열화당)이 있다.

손재식 ─────────

신구전문대학교 사진학과를 졸업했고, 대림산업 홍보과와 대원사 사진부에서 근무하였으며, 지금은 프리랜서로 일하고 있다. 85년 유럽 알프스 촬영 등반, 87년 네팔 히말라야 에베레스트 촬영 등반 보고전을 가진 바 있으며, 사진집으로 「한국 호랑이 민예 도록」이 있다.

도움 주신 곳 ─────────

국립중앙박물관, 국립경주박물관, 동국대학교 박물관

사리구

사리구

사리

　불교 상징물 중의 하나인 탑 속에는 사리(舍利)가 봉안된다. 이 때 사리를 넣는 그릇인 사리용기와 함께 각종 장엄구도 함께 넣게 된다. 이렇게 사리를 봉안하는 일은 불가(佛家)에서 가장 근원적인 작선(作善)의 길이다.

　따라서 사리구는 최고의 기술과 최상의 재료로 제작되므로 그 시대와 지역의 공예 수준을 보여 주게 된다. 뿐만 아니라 명문(銘文)이 있으면 연대 고증에 중요한 구실을 하며, 이웃과의 문화 교류도 비교, 고찰할 수 있는 좋은 자료가 된다.

　이러한 사리구는 대개 사찰이나 박물관에 깊숙이 간직되어 있어 일반인에게는 가까이 할 기회가 쉽게 허락되지 않는다. 선인(先人)들의 지극한 믿음의 결실인 사리구를 성(聖)스럽고 고귀한 것이라고 모셔 두기만 하는 것보다는 좀더 널리 보여 문화 유산으로 그 위치를 확인시킬 뿐만 아니라 미적으로도 감상할 수 있는 기회를 자주 베풀었으면 한다.

　사리는 범어(梵語)의 'Sarira'를 소리 나는 대로 한자로 적은 것이다. 원래의 뜻은 '신체(身體)'인데 불교에서는 석가의 신골(身骨)

을 뜻한다. 사리는 셋으로 구분되니, 불타의 유골은 진신사리(眞身舍利) 또는 육신사리(肉身舍利), 불타의 정신이 깃든 불경(佛經)은 법신사리(法身舍利)라 하고 우리나라에서는 고승(高僧)의 유골을 승사리(僧舍利)로 부르기도 한다.

인도에서의 불사리는 석가가 기원전 480년(일설에는 386)에 인도 구시나가라(Kusinagara)의 사라쌍수(沙羅雙樹) 밑에서 80평생을 마치고 열반(涅槃)하시자, 제자들이 인도의 장법(葬法)에 따라 유체(遺體)를 다비(茶毘, 火葬)하였는데, 이 때 나온 유골이 사리이다. 이 성골(聖骨)을 영원히 봉안하기 위하여 세워진 축조물이 탑파(塔婆)이며, 이 때 나온 사리는 주변의 여덟 나라에 분배되어 각각 이것을 봉안하기 위한 불탑(佛塔)이 세워졌으니, 이 일을 '사리8분(舍利八分)' 또는 '분(分)사리'라고 한다. 이 때부터 사리 신앙의 사상이 싹트게 되었고, 불탑의 기원도 여기에서 찾아야 할 것이다.

한반도에의 사리장래(舍利將來) 기록을 본다면 「삼국사기」 권4 진흥왕 10년조에

"10년(大淸 3, 서기 549) 봄에 양(梁)나라에서 사신을 신라의 입학승(入學僧) 각덕(覺德)과 함께 파견하였는데, 불사리를 보내오므로 왕은 백관으로 하여금 흥륜사(興輪寺) 앞길에 나가 이를 맞아들이게 하였다."

라고 적혀 있고, 이에 대하여는 「삼국유사」 권3에도

"이로부터 약 100년 뒤인 643년(선덕왕 12, 정관 17, 癸卯)에 자장법사(慈藏法師)가 가져온 것은 불두골(佛頭骨), 불아(佛牙), 불사리 100알과 부처님께서 입으시던 비라금점(緋羅金點) 1벌인데, 사리는 셋으로 나누어 하나는 황룡사 탑에 두고, 하나는 태화탑(太和塔)에 두고, 또 하나는 가사(袈裟)와 함께 통도사 계단(戒壇)에 두었다. 나머지 다른 것들은 있는 곳을 알 수 없다."

라고 되어 있다.

사리용기

사리구(舍利具)는 사리용기와 함께 봉안되는 공양품을 통틀어 일컫는 말로서 이는 탑 안의 사리공에 봉안된다. 이들은 사리용기, 공양 소탑, 탑지(塔誌) 등 크게 셋으로 분류된다. 사리용기는 불(佛)사리를, 공양 소탑은 법(法)사리를 봉안하며, 탑지(塔誌)는 건탑 연유(緣由)와 형지기(形止記) 등을 기록하는 것이다.

사리병

사리를 직접 넣는 사리용기이므로 예배 대상이 된다. 사리병의 재질과 형태를 살펴보면, 신라시대에는 송림사 전탑의 유리제 사리병같이 목이 길고 몸체가 둥근 것이 가장 대표적이고, 감은사 서탑의 수정제 사리병처럼 둥근 몸체보다 조금 목이 짧은 것과 석가탑 유리제 사리병같이 몸체가 크고 목이 약간 짧은 형 등이 있는데 이것은 당(唐)에서 유행한 형태이다. 이 밖에 봉화 서동리 동탑(東塔)같이 병의 배가 그리 크지 않고 목이 몸체보다 짧고 굵은 형이 있다. 금속제의 사리병으로는 현재 서울의 갈항사지 동, 서탑의 사리병과 영태 2년명 사리병(永泰二年銘, 동국대학교 박물관 소장) 등이

있고 석가탑에서 목병(木甁)이, 감은사 서탑에서 수정병이 발견된
일이 있다.

고려시대에는 유리제 사리병이 왕궁탑을 제외하고는 거의 자취를
감추었고, 평창 월정사 팔각탑에서 수정제, 함양 승안사지 석탑에서
비취색 유리제 사리병 조각이 보일 뿐이다. 그리고 최근 전남 신용
리 석탑에서는 금동 사리병이 발견되었다. 현존품으로 보는 한, 대체
로 고려에서는 사리병의 제작이 전대에 비해 많이 줄어든 것 같다.

조선시대에 들어서도 수정병이 보이며 청동병도 한 예가 있다.
보은 법주사 목탑에서 유리제 사리병의 조각이 발견되었으나, 전대
의 것을 탑 재건할 때 다시 넣은 것이다. 조선시대에는 억불정책
(抑佛政策)으로 불교가 위축되어 사리구의 제작이 극히 적었음을
알 수 있다.

우리나라 사리병의 재료를 본다면, 유리제가 주류를 이루고 그
제작 솜씨도 우수한데, 신라에서는 경주를 중심으로 많이 제작되었
다. 다음으로는 수정제가 신라, 고려, 조선대에 걸쳐서 나타나고
있고 그 밖에 청동, 나무, 금, 은제도 있다.

사리호(壺)와 사리합(盒)

사리병과 함께 사리호와 사리합도 사용하는데 신라에서는 함통 연
간(咸通年間, 860~873년)에 한때 납석제 사리호와 사리합이 유행
한 듯하다.

영일 법광사 석탑에서는 석제와 동제 사리호가 발견되었는데
'불정존승다라니명(佛頂尊勝陀羅尼銘)'의 원호(圓壺)는 납석제이고
원통형 소호(圓筒形小壺, 현재 높이 4.3센티미터)도 신라 하대의
사리호로 추정된다. 이와 함께 청동 소호와 탑지도 발견되었다고
하지만 확실하지 않다.

대구 동화사 비로암 석탑에서 발견된 민애대왕(閔哀大王) 사리석

호는 그 당시의 다른 예들과 같이 납석제인데 안팎을 둥글게 깎은 것이다. 동체(胴體)에는 바둑판 모양의 칸을 나누어 39줄의 명문을 새겨넣었고, 뚜껑은 없어졌으며 위의 일부분은 파손되었다. 표면에 흑칠(黑漆)을 했는데 이러한 예는 매우 드문 것이다(높이 8.3센티미터).

봉화 서동리 동 석탑의 사리호는 활석제의 뚜껑 있는 원호(圓壺)로 회백색이며 원형의 꼭지가 있다.

봉화 물야면 축서사 석탑의 사리합은 납석제로서, 뚜껑을 덮었고 옆면에 작은 구멍이 있다. 그릇 밑면에 제작자의 이름을 새겼고 표면에는 16줄의 명문이 있다.

고려시대가 되면 금속제 합이 많이 쓰여진다. 평창 월정사 8각석탑에서 발견된 은합(銀盒), 금동 사각합(가로 4.6센티미터, 세로 4.3센티미터)을 비롯하여, 현재 서울 영전사지 보제존자(普濟尊者) 사리탑 2기에서 각각 동합2, 현 서울 정도사지 석탑에서 동합2, 익산 왕궁리 석탑에서 금제 합(전체 높이 9.8센티미터)과 금제 경합(經盒) 등이 발견되었다. 이들의 재료를 살펴보면 동이 가장 많고 금, 은 등의 차례이다.

사리함

사리병이 사리를 직접 넣는 용기라면 사리함은 이것을 밖에서 감싸고 보호하는 용기이다. 사리함은 내(內)함과 외(外)함으로 나누어진다. 우리나라에서는 외함이 주로 금속으로 되었는데 드물게는 석함도 있다. 외함 속에는 내함으로 볼 수 있는 합이나 호가 들어 있는데 이들은 수정, 금, 은, 청동으로 만들어진다. 이 합(호) 속에 사리를 넣는 사리병이 놓여진다. 이 밖에 탑 속에는 장엄(莊嚴)을 위한 공양품도 함께 넣는데 옥류(玉類), 동경(銅鏡), 향목(香木) 기타 여러 종류가 있다. 이와 같이 사리구를 내외함으로 하는 것은 석가가 입멸하자 그의 유체(遺體)가 철곽(鐵槨) 속의 금관에 안치되었다는 경전의 내용과도 관련이 있는 것 같다.

인도 사리용기의 예로는 가장 오래 된 것으로 추정되는 피푸라화(Piprahwā)탑에서 2번에 걸쳐 출토된 8개의 호가 있다. 이들은 어느 것이나 계란 모양의 둥근 호로서 뚜껑과 몸통의 2부분으로 되어 있으며 뚜껑의 정상에는 꼭지가 있는 것이 특징이다. 이 가운데 하나에는(1898년 W.C. Peppé가 발견) 부라후미(Brāhmi) 문자로 석가의 사리란 것이 새겨져 있다. 이후 사리용기는 시대의 흐름에 따라 차츰 정교한 세공을 한 것이 나타나게 되는데 피푸라화탑의 사리호는 동양의 불교 국가에 하나의 본(範)이 되었다.

그렇지만 사리용기는 반드시 일정한 형식이 정해져 있는 것은 아니다. 그것은 불탑이 건립되는 지역 나름의 풍속, 습관, 전통 등의 반영으로 이루어진 소산일 것이다. 형태가 합(盒), 병(瓶), 호(壺), 통(筒) 등으로 표현되고 있는 것도 이러한 까닭이다.

불사리는 먼저 유리나 수정 또는 황금제 병에 넣고 이를 다시 은, 동, 석제 등의 외용기로 3중, 4중으로 보호하는 것이 특징이다.

이와 같이 귀한 재료의 그릇일수록 안으로 하여 여러 겹으로 겹치는 것은 불사리에 대한 존숭의 마음에서 우러나온 것이겠지만 또 다른 경전에 있는 것과 같이 석가의 보관(寶棺)이 금, 은, 동, 철의 4중관이었다는 설에도 관련되는 듯하다.

우리나라 석탑에서의 주요한 사리 외함을 간단히 살펴본다면 고신라 분황사 탑의 사리함이 석함, 통일신라의 감은사 서탑은 청동함, 황복사 탑, 석가탑, 남원 부근 탑, 도리사 탑, 고려의 왕궁탑, 광주 서탑의 사리함이 금동함이고 고려 말기의 수종사 부도에서 나온 사리함은 은제 도금 6각함이며, 금강산 월출봉 출토 사리기에서는 외함이 은제 도금함이다.

사리함의 재료는 대체로 통일신라 초기는 청동, 그 후 고려 초기까지는 금동, 고려 말기까지는 은제 도금이 대부분이다.

　형태는 신라시대에서는 주로 전각(殿閣)형이며 고려에서는 간소
화되면서 규모가 작아지고 8각 원당 부도형(八角圓堂浮屠形)이 나타
나며, 조선시대에는 이러한 전각형이나 8각 원당형은 자취를 감추게
된다. 예외로는 신라 때와 고려 말에 6각형의 사리함이 각 1기씩
있다.

　그러나 우리나라 사리함은 신라시대의 전각형 사리함에서 그
독창성을 발휘하여 오늘에까지 우수작을 많이 남기고 있다.

송림사 5층전탑 사리기
　전각형 금동 사리기 안
에 녹색 유리제 사리병
이 서아시아식 유리잔
안에 넣어져 안치되었
다. 국립광주박물관 소
장.

사리장치

사리를 넣은 용기와 공양물을 함께 탑 속에 봉안하는 것을 사리장치(舍利藏置)라고 한다.

사리를 안치하는 장소가 탑 속이지만, 반드시 탑 속에만 국한된 것은 아니었다. 사리를 넣은 작은 탑을 사당(祠堂) 안에 모시거나 지하에 큰 돌을 놓고, 그 아래에 돌항아리 모양의 용기에 안치하며, 스리랑카 같은 나라에서는 수미단(須彌壇) 위에 봉안하기도 한다. 그런데 탑 속에 납치할 때라도 납치 장소가 일정하지 않으며 지역에 따른 특색도 별로 보이지 않는다. 그러나 탑 속의 중심 또는 그 근처에 사리구를 장치하는 것이 통례이다. 또 사리용기가 1개만으로도 충분할 것 같은데도 불구하고 여러 개를 안치하기도 하며, 때로는 탑 속에 안치실을 마련하여, 1군데에 안치하지 않고 위아래 2군데에 안치하기도 한다.

우리나라에서는 사리를 탑 속에 장치하지만 때로는 불상의 복부에 안치하는 일도 있다. 고신라 경주 분황사 탑에서는 탑의 2층 부분에 장치하였고, 통일신라 초의 월성 감은사 서탑은 3층에 장치하였다. 경주 황복사(구황동) 탑이 2층에 사리를 장치하였고, 경주 석가탑도 2층에 장치하였다. 특이하게는 현 서울 갈항사 동탑과 서탑이 기단부에, 중원 탑평리 탑(중앙탑)이 6층 옥신석과 기단부에 사리장치를 한 예가 있다.

한편 목탑인 경주 황룡사 9층탑은 심초석과 상륜부에서, 임진왜란 후에 재건한 보은 법주사 목탑(팔상전)은 심초석 상면의 사각형 구멍 속에서 사리장치가 발견되었고, 전탑(塼塔)인 칠곡 송림사 탑은 2층 탑신에서 사리장치가 발견되었다.

고려시대에도 제1탑신에 장치하는 일이 가장 많고, 2군데 이상에 장치한 탑으로는 부여 장하리(長蝦里) 탑이 2층 옥신석(屋身石)과 기단부, 서산 보원사(普願寺) 탑이 5층 옥신석(屋身石)과 4층 옥개석, 기단부의 3군데이며, 부여 무량사 석탑에서도 1층, 3층, 5층 탑신의 3곳에 장치되었고, 평창 월정사 8각탑이 5층 옥개석과 1층 탑신석에 사리장치를 하였다.

조선시대에는 남양주 수종사 8각탑이 초층 옥개석, 초층 탑신석, 기단 중석의 3군데에 장치하였다. 그러나 전시대를 통하여 볼 때 제1탑신 장치가 가장 많다.

부도에서도 사리구의 발견이 신라의 염거화상탑을 비롯하여 고려, 조선시대를 통하여 수 기씩 있다.

그리고 탑을 보수할 때 새로 만든 사리구를 먼저 것과 함께 후납 (後納)하는 일도 있다 (월정사 8각탑).

신라시대

경주 분황사 석탑 사리구 16, 17쪽 사진
634년(고신라), 국립경주박물관 소장

현존하는 고신라 유일의 이 탑을 1915년 일본인들이 수리하였을
때 제2층과 제3층 사이 중앙의 뚜껑 있는 석함(石函) 속에서 사리장
치가 발견되었다.

사리석함 뚜껑 밑면의 가로, 세로 63센티미터, 높이 27센티미
터. 함 높이 47센티미터, 윗면의 가로, 세로 62센티미터. 사리공
깊이 19.7센티미터, 사리공 폭의 가로, 세로 34센티미터. 함의 밑면
주위에 배수구가 있고 4각 중의 1각에만 배수공이 있다. 우리나라
탑에서 석함이 외함으로 쓰이는 것은 매우 드문 일이다.

은합 지름 3.8센티미터. 이 합을 중심으로 여러 유물들이 납치되
어 있었는데 합은 뚜껑이 있고, 그 속에 사리 5알이 들어 있었다.

금동제 인물형 장식구 높이 25.7센티미터. 표면에는 세로로
점선이 몇 줄 보이고 머리 부분같이 보이는 윗부분에도 점곡선이
보인다. 어디에 장치되었던 것인지 알 수 없으나 신라 장식구의
면모를 알아볼 수 있는 자료의 하나가 된다.

분황사 석탑 사리구(일부) 현존 고신라 유일의 탑으로, 1915년 수리 당시 제2층과 3층 사이 중앙의 석함 속에서 사리장치가 발견되었다. 이들 유물의 큰 특징은 여성용 물품과 장신구가 많다는 것이다. 또 이 사리구와 함께 상평오수 등의 화폐가 보임으로써 고려시대에 탑의 보수가 있었던 것으로 추측된다. 국립경주박물관 소장.

분황사 석탑 사리구(일부)   분황사 석탑의 사리구는 사리와 함께 파편으로 남은 유리
사리병을 제외하고는 불교와 직접 관계가 없는 물품들이다. 그러나 우리나라에서
가장 오래 된 탑 사리구이며 품목이 다양하고 수가 많기로 으뜸간다. 위는 금동제
장식구들이다. 국립경주박물관 소장.

병 모양의 그릇 지름 4.5센티미터. 자라병 모양의 둥근 형상을 하고 있으며 양 어깨에는 고리가 달려 있다.

침통(針筒) 길이 5.6센티미터. 긴 원통 모양을 하고 있으며 마개를 덮게 되었는데 정상부에 꼭지가 있다. 통의 입구 조금 아래쪽에 고리가 한 개 달려 있고 침통 속에서는 금제 바늘과 은제 바늘(길이 3.5센티미터) 1점씩이 발견되었다.

가위 길이 7.5센티미터. 몸체는 길며 한쪽 끝은 잘렸고 아랫부분은 구부려서 둥글게 하였다.

실패 표면 중앙의 젖꼭지 같은 돌기를 중심으로 가느다란 여러 개의 동심원 무늬가 있다.

위의 유물들은 거의가 문양이 없다. 사리와 현재 파편으로 남아 있는 유리 사리병을 제외하고는 불교와 직접 관계가 없는 물품들이다. 곧 금귀걸이 등의 장신구들이 대부분이며, 각종의 옥류(玉類)들도 많아 신라 고분에서의 후장 풍습(厚葬風習)을 연상케 한다. 특히 바늘, 실패와 같은 여성 용품이 많음은 선덕왕이 여성이라는 사실과 관련지어 흥미로운데 위의 유물들은 사리와 함께 넣어진 공양물로 짐작된다.

또 이 사리구와 함께 상평오수(常平五銖) 등의 화폐가 보임으로써 고려시대에 탑의 보수가 있었던 것으로 추측된다.

월성 감은사지 서 3층석탑 사리기
보물 366, 신라, 국립중앙박물관 소장

감은사(感恩寺)는 삼국을 통일한 신라 제30대 문무왕이 왜적을 물리치고자, 죽은 후에도 용이 되어 나라를 지키기 위하여 그들이 침략해 오는 길목인 동해구에 절을 짓기 시작하였다. 그러나 절의 완공을 보지 못하고 죽어, 그의 아들 신문왕이 재위 2년(682)에 준공하였다고 「삼국유사」에 적혀 있다. 서탑은 1960년 국립중앙박물관에 의하여 해체 수리되었는데, 제3층 탑신 사리공(舍利孔)에서 사리장치가 발견되었다.

사리구는 네모난 청동제 사리감(舍利龕, 외함)과 그 속에 사리기가 있었을 뿐이다.

청동제 사각감　전체 높이 약 31센티미터, 감의 높이 25.2센티미20쪽 사진
터. 직육면체 상자 모양의 감신(龕身)에 낮은 방추형의 뚜껑을 씌운 감(龕)이다. 각 낙수면에는 봉황을 한 마리씩 배치하였고 뚜껑 정상에는 사릉형(四稜形) 고리를 달았다. 감의 아랫부분은 부식이 심한데 각면에 사천왕상을 조각하여 붙였으며, 그 좌우에는 귀신 얼굴 모양의 고리가 있다. 이 얇은 동판으로 된 사천왕상은 자세나 갑옷 등에서 중국 당대(唐代) 조각의 특징을 그대로 드러내고 있으며 용모는 이국적이다.

청동제 사리기　높이 약 20센티미터. 사각형의 감(龕) 속에 있었21쪽 사진
는데 기단, 몸체, 보개의 3부분으로 되었다. 불단(佛壇) 같은 기단에는 안상을 투각하고, 그 안에 사천왕상과 공양좌형의 원상(圓像)을 각 1구씩을 따로 만들어 안치하였다. 기단 위에는 난간이 둘러져 있고, 그 중앙에 연꽃과 화염보주를 장식한 바리를 뒤집어 놓은 것 같은 모양의 뚜껑이 있다. 사리병은 바로 이 안에 안치되어 있다. 둘레 네 귀퉁이에는 감실과는 따로이 만들어진 주악천인상 1구씩과 주악상 사이마다 동자상을 1구씩 배치하였다. 기단 네 귀에는 각각 기둥을 세우고 보개를 덮었으나 부식이 심하다. 보개는 2중으로 되어 있고 보상화 등의 장식과 수식(垂飾)이 있다.

수정제 사리병　병은 입구에서부터 바닥까지 몸통이 뚫려 있는 것으로 수정제 원반(圓盤) 위에 안치되었다. 뚜껑은 금으로 된 가는 선과 작은 알 모양의 장식으로 섬세한 솜씨를 보여 준다.

사천왕상　얇은 동판을 두드려 앞 반 면만 나타나게 하였고, 다시22, 23쪽 사진
그 겉면은 끌로 세밀한 부분까지 표현하였다. 상들은 모두 갑옷을

입었고 두광을 갖추었다.

🦋 지국천(持國天, 東):전체 높이 21.6센티미터. 왼손에 창(槍)
같은 것을 쥐고 소(牛) 등에 서 있는데, 이러한 예는 중국 당나라
이전의 석굴이나 석탑의 조각상에서 볼 수 있다.

🦋 증장천(增長天, 南):왼손은 화염에 싸인 보주를 들었는데 아랫
부분이 파손되었다.

🦋 광목천(廣目天, 西):오른손에 금강저(金剛杵)를 들었는데 아랫
부분이 파손되었다.

🦋 다문천(多聞天, 北):오른손에 탑을 받들었고 난장이를 밟고
서 있다.

이들은 모두 나머지 한쪽 손을 허리에 대고 있다.

청동제 사각감　국립중앙박물관 소장.

청동제 사리기   국립중앙박물관 소장.

　주악상(奏樂像)　높이 약 3.8센티미터. 상반신은 벗은 모양이고,
주조(鑄造) 방식은 전체를 통째로 만드는 것이다. 상 밑바닥에 나와
있는 촉으로 주악상을 기단 윗면에 고정시켰다.

　　◈ 동남우악천(東南隅樂天) : 양손에 제금을 들고 무릎을 꿇고 앉아
있다.

　　◈ 서남우악천(西南隅樂天) : 장고를 무릎 위에 놓고 오른손을 들고
있다.

　　◈ 서북우악천(西北隅樂天) : 피리(橫笛)를 불고 있다.

　　◈ 동북우악천(東北隅樂天) : 채(撥)를 가지고 비파(琵琶)를 타고
있다.

사천왕상 오른손에 탑을 받들고 있어서 북방 다문천임을 알 수 있다. 얇은 동판을 두들겨 만든 것으로 상의 앞면만을 표현하였다. 국립중앙박물관 소장.

사천왕상 오른손을 허리에
대고 왼손에 창을 든 형태
인 동방 지국천이다. 국립
경주박물관 소장.

경주 구황동 3층석탑 사리구
706년(통일신라), 국립중앙박물관 소장

경주 남산 동쪽 언덕에 서 있는 일명 황복사 석탑에서 일제시대인 1942년 해체 수리할 때, 제2층 옥개석 윗면 방형 사리공 속에서 사리장치가 발견되었다.

금동 사리함 속에 여러 장엄구가 들어 있었는데, 외함 속에 은합, 금합, 녹색 유리 사리병(현재 파편 상태)의 차례로 겹친 채 안치되어 있었다.

25쪽 사진   **금동 사리외함** 가로, 세로 30센티미터, 높이 21센티미터. 옆면에 「무구정광대다라니경(無垢淨光大陀羅尼經)」에 의하여 표현되는 99기의 단층 목탑이 새겨져 있다. 곧 제1단과 제2단은 4면이 8기씩이고, 제3단은 9기씩 3면이며, 1면만은 8기이다. 이것은 공양 소탑을 넣는 대신 탑 모양을 새긴 것으로 보인다.

함 뚜껑 뒷면에는 18줄 345자의 명문이 음각되었으며, 692년(天授 3, 효소왕 1)에 신문왕이 죽은 후, 신목대후(神睦大后)와 효소왕이 3층석탑을 건립하였으나, 그들마저 잇달아 죽게 되니 706년(神龍 2, 성덕왕 5)에 금상왕인 성덕왕이 사리 4, 「무구정광대다라니경」 1, 전금미타상 1구(실제로는 2구가 발견되었다) 등을 제2탑신에 안치하여 그들의 명복을 기원하였다는 내용이 새겨져 있다.

은제, 금제 사각합 외함 속에 들어 있던 것이다. 국립중앙박물관 소장.

　연대가 확실하여 탑파 건립의 시기 고증이나 불상 연구에 하나의
기준이 된다.
　은제 사각합(높이 5.9센티미터), 금제 사각합(높이 2.5센티미터)　　24쪽 사진
외함 안에 들어 있었는데, 모두 문양이나 장식은 없다. 뚜껑 윗면의
모서리는 깎아 냈으며 합의 몸체 위쪽 끝은 뚜껑이 덮일 수 있게
턱을 만들었지만, 현재 금합은 뚜껑이 몸체에 맞지 않는다. 합 안에
안치되었던 녹색 유리 사리병은 파손된 상태로 발견되었다.
　금제 고배2　잔 높이 5.8센티미터, 구경 9.9센티미터, 잔 높이
6.3센티미터, 구경 9.1센티미터.
　은제 고배2　잔 높이 6.3센티미터, 구경 9.2센티미터, 잔 높이
6.1센티미터, 구경 9.4센티미터.
　금잔과 은잔이 토기와 같은 형태를 하고 있으나 투창(透窓)이
없고 받침대가 얕은 것이 토기와 다르다.

경주 불국사 3층석탑 사리구
국보126, 통일신라, 국립중앙박물관 소장

우리나라 석탑의 표준작이라고도 할 수 있는 이 탑은 일명 석가탑이라고도 하며 건립하는 과정에 얽힌 아사달과 아사녀의 전설로 무영탑(無影塔)이라고도 한다.

1966년 9월 도굴배들의 가해로 10월에 해체 수리하던 중 제2층 옥신 상면 중앙의 방형 사리공 속에서 사리장치가 발견되었다.

30쪽 사진 **금동 사리외함** 높이 18.5센티미터, 너비 18.1~18.5센티미터. 기단 위에 문양을 투각하고 도금하여 만든 동판이 재료인 전각형 방형 상자함(殿閣形方形箱子函)을 얹었는데 사주형(四注形) 지붕을 하였다. 기단 각면에는 옛 모양의 안상이 2구씩 투각되었다. 외함의 각면은 당초문을 투각하였으며, 기둥에는 연꽃으로 싸인 구슬을 붙였고, 추녀에는 영락(瓔珞)이 드리워져 있다.

29쪽 사진 **은제 사리외합** 전체 높이 10.8센티미터, 밑지름 2.5센티미터, 몸통 지름 7.5센티미터, 뚜껑 높이 4센티미터. 외함 중앙에 마련된 연화좌 위에 안치되었고, 은바탕에 도금을 한 계란형의 것이다. 이 외합 표면에는 연화문, 원권문(圓圈文) 등으로 무늬를 찍어 장식하였다. 뚜껑에는 연꽃으로 싸인 붉은 마노옥을 붙여 꼭지로 삼았고, 그 둘레에는 겹잎의 연꽃을 찍었다. 몸에는 어자문(魚子文)이 있고, 그 밑에 뚜껑 꼭지와 같은 형태의 구슬이 있다.

은제 사리내합 높이 9.8센티미터, 지름 2.8센티미터, 입지름 5.8센티미터. 뚜껑은 없으나 외합과 같은 계란 모양인데 입 주위에 원권문대를 두르고, 그 밑에 앙련 모양의 보상화잎 8장을 찍었다. 합 안에 녹색 유리제 사리병(전체 높이 6.45센티미터)이 있고, 그 안에 사리 46알이 들어 있었다.

31쪽 사진 **장방형 탑문 금동 사리합**(長方形塔紋金銅舍利盒) 전체 길이 7센티미터, 너비 6.28센티미터, 폭 3.3센티미터. 앞뒷면에는 중앙에

26 신라시대

목탑 형식의 3층탑과 그 좌우에 보살상을 조각하였다. 양 옆면에도 역시 둘레에 윤곽을 둘렀고, 인왕상 1구씩을 음각하였는데 조상(彫像) 솜씨가 매우 우수하다. 뚜껑 중앙에는 보옥형의 작은 꼭지가 달렸는데 이 합 안에는 향목제 사리병(높이 5.02센티미터)이 안치되어 있었다.

동경2 모두 문양이 없는 거울이며, 그 중 하나는 약 4분의 1만 남은 파품이다. 완전한 것은(지름 8.1센티미터) 중앙에 꼭지가 있는 단순한 형이다.

28쪽 사진

무구정광대다라니경(無垢淨光大陀羅尼經) 길이 약 6미터, 종이 아래위 6.5센티미터, 글자 크기 4~5밀리미터. 닥나무로 만든 한지로 되었다. 이 경문 중에는 중국 당나라 측천무후자가 4자 들어 있는데, 이 문자는 대체로 609~704년에 사용되었으니, 석가탑의 건립 연대인 751년을 하한으로 잡더라도 그보다 앞서는 시기임이 분명하여 참으로 세계에서 가장 오래 된 목판 인쇄문이라 하겠다.

유리 사리병 전체 길이 6.45센티미터, 입지름 1.5센티미터, 몸통 지름 5센티미터, 목 높이 1.8센티미터. 짙은 녹색의 유리제로 병 안에 사리 46알이 들어 있었다. 병의 모양은 원에 가까운 둥근 몸 위에 조금 짧은 목이 있고 입술은 외반되었다. 반투명한 전면 곳곳에 반점이 보이며 밑면은 약간 안으로 들어갔다. 이 사리병을 전시하던 중 사찰측의 부주의로 파손되었음은 아주 애석한 일이다.

향목 사리병 전체 길이 5.22센티미터, 병 높이 5.02센티미터, 입지름 1.14센티미터, 몸통 지름 2.55센티미터, 목 높이 2.72센티미터. 목이 길고 입술이 두껍게 외반된 병 모양으로 위아래 긴 구멍을 뚫고 밑은 향나무로 마개를 막도록 하였다. 표면에는 붉은 칠을 하였으며, 위에도 능형(菱形)의 마개를 따로 마련하였다. 물레로 향나무를 깎아 만든 병이며 금동 방형 사리합 속에 들어 있었는데 이 안에는 사리가 1알 들어 있었다.

청동제 비천 전체 높이 4.5센티미터, 앞면 높이 2.45센티미터, 앞면 폭 2.1센티미터. 몸통은 U 자형이며 가슴 윗부분은 앞면으로 향하고 하체는 위를 향하고 있다. 머리에는 육계(肉髻)가 있고 빠른 속도로 위에서 하강하는 형상이다. 탑 속에서 이러한 비천이 발견되는 것은 매우 드문 일이다. 이들 유물들은 모조(模造)되어 탑 안에 다시 납치(納置)되었다.

사리구(일부) 석가탑에서 발견된 2점의 동경은 모두 문양이 없으며, 그 중 하나는 약 4분의 1만 남았다. 수정제 구슬, 곡옥 들도 함께 넣어져 있었다. 국립경주박물관 소장.

은제 사리합   왼쪽은 내합이고 오른쪽은 외합이다. 내합 안에는 사리 36알이 들어 있었고, 내합은 외합에 넣어져 사리외함 속에 안치되어 있었다. 국립경주박물관 소장.

불국사 3층석탑 금동 사리외함 각면에 옛 모양의, 안상이 투각된 기단 위에 동판을
투각하여 도금한 전각형 상자함을 얹은 것이다. 국립경주박물관 소장.(왼쪽)
장방형 탑문 금동 사리함 앞뒷면 중앙에 목탑 형식의 3층탑과 좌우에 보살상을 조각
하였다. 국립경주박물관 소장.(오른쪽 위)
불국사 3층석탑(오른쪽 아래)

현 서울 갈항사지 동, 서 3층석탑 사리구
758년(통일신라), 국립경주박물관 소장

1916년 금릉군 절터에서 탑을 서울 경복궁으로 이건할 때, 기단 밑 자연석 아래에 있는 거의 같은 크기의 가공석 위에 설치된 구멍에서 사리구가 발견되었다.

동 3층석탑 사리구

☙ 사리병:전체 높이 9센티미터. 물병형인데 금동제로 뚜껑이 있는 단지 모양의 외용기를 갖춘 2중 용기이다. 이 병은 정병(淨瓶)을 작게 만든 것 같은데, 긴 목에 여덟 마디의 주름을 잡은 것이 특이하다. 이러한 것은 페르시아(Persia) 등지의 물병에서도 볼 수 있는 형식이다.

☙ 동제 용기:전체 높이 11.2센티미터.

서 3층석탑 사리구 동탑의 사리구와 같이 외용기를 갖춘 2중 용기가 있다.

☙ 금동병:전체 높이 8.2센티미터. 동탑 것처럼 정병을 본뜬 것 같다. 뚜껑은 조금 볼록하고 평평하며 목의 마디나 뚜껑 꼭지 등은 표현되지 않았다.

☙ 동제 외용기:전체 높이 15.2센티미터. 동탑 것보다 크다.

양 탑 모두 사리병 속에는 뼛가루(骨灰)가 들어 있었다.

우리나라에서는 석탑의 사리장치가 탑신 속에 장치되어 있는 것이 일반적인데, 이 탑에서는 기단 밑에 장치한 것이 특이하다. 이같은 예는 드문 일로 신라 석탑에서는 중원 탑평리 탑(중앙탑)이 있을 뿐이다.

동탑 상층 기단 면석에 이두문이 섞인 명문이 5줄 54자가 있어, 탑이 경덕왕 17년(天寶 17, 758)에 건립된 것을 알 수 있어 귀중한 학술 자료가 된다.

사리구 갈항사지 석탑에서 나온 사리용기로 왼쪽부터 서탑의 금동 사리병, 동탑의
금동 사리병, 동탑의 동제 외용기, 서탑의 동제 외용기이다. 이들은 모두 각 탑의
기단 밑에 장치되어 있었다. 국립경주박물관 소장.

경주 황룡사 9층목탑 사리구

9세기 후반(신라), 국립중앙박물관 소장

황룡사 9층목탑은 신라 선덕여왕 때 당나라에서 귀국한 자장법사의 건의에 따라 삼국통일을 기원하여 건립되었다(선덕왕 14년, 645). 이 탑은 오랜 동안 신라 국민의 정신적 지주가 되어 오다가 고려 고종 16년(1229)에 몽고(元)의 침입으로 불에 탄 후 재건되지 못하였다. 1964년, 천여 년 동안 절터에 보전되어 오던 사리보가 도굴되었다가 그 후 다행히도 대부분 수습되어 국립중앙박물관에 소장되었다.

35쪽 사진 **금동 내함** 명문판 가로 23.5센티미터, 세로 22.5센티미터. 탑명(塔銘)은 안팎 양면에 새긴 정방형 금동판 3장과 앞면에 2장의 금동판인 전부 5장으로 사각함을 이루었다. 문짝 2장은 옆면과 위아래에서 몇 개의 금구로 연결되었고, 그 중앙 한 곳에서 다시 작은 고리로 연결하여 여닫을 수 있게 하였다. 이 문짝(각판 가로 11.8센티미터, 세로 22.5센티미터) 안팎 가득히 선각된 신장 입상(神將立像)의 관식(冠飾)과 갑옷의 양식 등으로 살펴보아 경문왕(861～875년)대인 9세기 후반 작품으로 보인다.

명문은 합계 74줄 905자가 판독되었다. 명문의 내용을 통하여 이 탑의 처음 건립과 중수 사실을 확인할 수 있으며 사리구의 후납(後納)을 위하여 경문왕대에 이 금동 내함이 설치되었음을 알 수 있다. 이 탑지는 우리나라 탑지 중 가장 내용이 길 뿐만 아니라 문헌적 가치도 높다.

위의 대형 내외함을 제외한, 다음에 설명하는 크고 작은 사리구는 분명하지는 않으나 황룡사 탑에서 발견된 것이라고 전하는 것들이다.

금합 높이 10.8센티미터, 지름 11센티미터. 그릇의 위아래가 둥근 모양인 원합은 중앙에서 몸통과 뚜껑 부분으로 분리된 것으로 삼국시대 말에 제작된 것으로 짐작된다.

은합 금합보다 더 크지만 형식은 거의 같다. 원래는 이 두 합이 겹쳐지게 하여 그 안에 사리구를 장치하였던 듯하다.

청동제 작은 원통 전체 높이 4.2센티미터, 지름 2센티미터. 연꽃 꼭지가 달린 작은 원통으로 몸통과 뚜껑의 내면에는 은판이 끼어 있고, 외면에는 당초문이 음각되었다.

청동 방형 소함 전체 높이 6.2센티미터. 몸통과 뚜껑이 두꺼운 녹 때문에 분리되지 않으며 아래쪽 밑받침대는 네 귀퉁이에 둥근 형태의 발이 달려 있다. 뚜껑은 꼭대기에 연봉오리 모양의 꼭지가 달렸고, 대각으로 4등분되었으며 화문이 각면에 새겨졌고, 몸통의 무늬는 분명하지 않다.

금동 내함의 문짝 안팎 가득히 신장 입상이 선으로 음각되었다. 이들의 양식적 특징으로 9세기 후반의 작품임을 추정할 수 있다. 국립중앙박물관 소장.

은제 원합 높이 5센티미터, 지름 7.3센티미터. 뚜껑 윗면에는 8판 연화문이 가늘게 새겨졌는데 자방은 없다. 그 밑으로 당초문대가 눌러셨고 몸통에도 뚜껑과 역순으로 무늬가 둘러졌으며, 그 속에 사리구가 들어 있었을 것으로 짐작된다.

금동 8각 사리탑 높이 2.2센티미터, 지름 9.7센티미터. 8각인 탑신부와 옥개는 갖추고 있으나 상륜부는 없어졌다. 대좌는 둘레 가장자리의 안상(眼象) 조각과 얇은 대판(臺板) 조각만이 남아 있고, 탑신부(높이 8.5센티미터)에는 문짝이 따로 달려 있어 여닫게 되어 있다. 옥개에는 귀꽃이 2곳에 남아 있으며 정상부에 연화문이 둘러졌다.

12쪽 사진 **칠곡 송림사 5층전탑 사리구**
보물325, 통일신라, 국립중앙박물관 소장

팔공산 서쪽 기슭의 송림사는 오래 된 절이기는 하지만, 사적(事蹟)에 대한 전래가 없다. 신라시대 전탑(塼塔)을 1959년에 해체 수리할 때 제2층 탑신에서 돌거북 모양의 석함 속에 안치된 사리장엄구 이외에 고려시대 작품으로 보이는 장엄구가 제5층 탑신에서 발견되었다.

전각형(殿閣形) 금동 사리기 높이 14센티미터, 기단의 한 변 길이 12.7센티미터. 기단 위에 네 기둥을 세우고 뚜껑을 덮은 형식이다. 밑에는 금판을 오려서 만든 복련을 못으로 고정시키고, 그 위 사방에 난간을 둘렀다. 각면에는 동자주를 3개씩 세웠으며 투각 문양으로 장식하였다. 양쪽 네 귀에는 기둥을 세워 뚜껑을 받치게 하였다. 사방으로 두른 난간 안에 금판을 오려 만든 연화대를 마련하고 그 위에 녹색의 컵 모양 유리그릇을 얹었는데, 이와 같은 유리제 용기는 우리나라에서는 드문 예로, 용기 속에 다시 녹색 유리 사리병을 안치하고 있다.

보개는 2중으로 표현되고 네 모서리에 수식이 늘어졌으며, 추녀에는 영락이 달려 있다. 이러한 보개 형식은 감은사 탑 사리기에서 그 맥을 이었다고 하겠다. 이 보개 위에는 투각문양, 점선문 등으로 장식하고 사면 연꽃잎 하나씩을 오려 붙였다.

은제 도금 나뭇가지 장식구 높이 18센티미터. 중심 줄기에서 대칭으로 나뭇가지 모양으로 뻗었는데, 이 끝이 모두 보주 모양이다. 전체에 약 200개의 영락이 달려 있으며, 밑뿌리가 뾰족해서 어디에 꽂았던 것 같으나, 그 용도를 알 수 없다. 이와 같은 모양의 장엄구가 발견된 예는 없었다.

녹색 유리잔 높이 7센티미터, 입지름 8.7센티미터. 잔의 표면에는 유리로 만든 고리를 3단으로 12개 붙였는데 고리 속에는 옥 같은 것을 붙였던 흔적이 있다. 이 사리잔은 서아시아의 유리 공업계에서 크게 유행한 원문 장식의 유리그릇에 포함되는 한 예이다. 이러한 원환문(圓環文) 유리잔은 일본 오꾸라다께노스게 구장(小倉武之助 舊藏)의 유리배나 중국 협서성 출토의 원환계문 발(鉢)에서도 그 유례를 볼 수 있다.

녹색 유리제 사리병 높이 7센티미터, 입지름 3.1센티미터, 마개 높이 2.4센티미터. 몸체가 둥근 형이고 목이 길며 약간 누른 빛이 도는 녹색 유리병으로 마개도 보주(寶珠)형의 유리제이다. 왕궁리 석탑에서 발견된 유리병과 함께 우리나라 유리제 사리병의 대표가 될 만하다.

청자상감 원형 합 높이 7.8센티미터, 입지름 18센티미터. 뚜껑 겉면에 국화문을 중심으로 둘레에 모란당초를 흑백상감하고 뚜껑 가장자리와 몸체의 옆면에는 연꽃잎을 백상감하였다. 다른 사리장엄 구보다는 제작 연대가 내려온다.

금동제 원륜 지름 3센티미터, 두께 약 7.5센티미터. 양면에 가는 동심원문이 있으며 쓰이는 곳은 알 수 없다.

옥류 여러 종류의 옥류가 발견되었는데 다른 탑에서도 발견되는 것들이다.

이 탑의 2층과 5층 탑신 안에서 각기 시대가 다른 유물이 발견된 것으로 보아 과거에 개탑이 행해진 것을 짐작할 수 있다.

남원 부근 탑 발견 사리기
통일신라, 국립광주박물관 소장

남원 부근에서 발견되었다고 전할 뿐 사리기를 간직하고 있던 탑 이름은 알 수 없다. 다만 지금까지의 사리기와는 다른 의장이 더해진 시대적 특성을 살필 수 있을 뿐이다.

전각형 사리외함(殿閣形舍利外函) 높이 14.2센티미터. 밑에는 특이하게도 불상의 연화좌 같은 받침이 마련되었는데 8각으로 되었고, 아래위에 2단으로 단판연화가 양각되었다. 연화좌의 위쪽 끝에 원통형 받침이 있고 이 위에 앙련이 있어 사리함을 받치고 있다. 앙련에서는 네 모퉁이 쪽으로 줄기가 뻗어 연꽃이 1송이씩 있고 그 위에 사천왕상으로 보이는 신장 1구씩이 안치되었다.

방형의 사리외함 사면에는 연화대 위에 가부좌(跏趺坐)한 여래상을 중심으로 그 둘레에 석가탑 사리외함과 같은 수법의 당초문이 투각되었고, 기둥에는 연주문(聯珠文)을 안에서 찍어 낸 문양이 있다. 뚜껑은 사모집 형식이고 사방에 3개씩의 앙련형이 남아 있는데 아마도 구슬을 박았던 듯하나 현재 남아 있는 것은 없다. 정상부에는 큰 앙련이 붙어 있고 그 중심에 꽂혀 있는 간주(竿柱)에는 크고 작은 2개의 산개(傘蓋) 모양 보개가 얹혀 있다. 푸른 녹이 곳곳에 배어 있지만 연화대에는 아직도 진한 금빛이 남아 있다.

녹색 유리제 사리병 함 안에 들어 있었는데 다른 신라 유리제 사리병과는 형태가 다르다.

다행히도 사리외함은 거의 손상을 입지 않고 발견되어 신라 사리함의 독창적인 의장을 보여 주는 또 하나의 예로 여겨진다.

선산 도리사 부도 금동 사리기
국보208, 통일신라, 동국대학교 박물관 소장

절은 신라 불교 초전지로 유명한 선산군에 위치하고 있는데, 원래의 도리사가 폐사된 시기는 알 수 없다. 현존 도리사 경내에는 화엄석탑(華嚴石塔)을 비롯한 여러 석조물이 있다. 이들 가운데서 조선조에 성행한 석종형(石鍾形) 부도인 세존 사리탑을 1977년에 옮기다가 뜻밖에 그 밑부분의 사리공 속에서 신라시대의 금동 사리구가 발견되었다.

금동 사리구 높이 16.5센티미터. 6각 원당부도형인데 기단, 몸체, 옥개의 세 부분으로 되었고 밑의 6각 기단 각면에 안상을 1구씩 투각하였다. 사리기의 몸체 각면에는 보살상 2구와 사천왕상 4구를 선각하였는데 모두 원광(圓光)을 갖춘 모습이다. 이 상들은 표현 방식으로 보아 도금 후에 새긴 듯하다. 옥개엔 기왓골이 없고, 6줄의 굵은 지붕 마루(隅棟)만 있으며, 그 끝에 잎이 3개인 귀꽃이 반전을 보이며 솟았다. 귀꽃 밑과 처마 중간에 고리가 남아 있어 이곳에 영락이 달렸던 듯하다. 옥개 정상에는 단판 6잎의 복련을 조식하고, 탑 정상에는 꼭지만 남아 있으며 그 외의 보주 같은 것은 없어졌다. 도금색이 찬란한 점이나 제작 수법 등으로 미루어보아 8세기 제작품으로 추정된다.

40쪽 사진

사리 이전에 발견된 것들보다도 큰, 지름 1.2센티미터의 사리가 사리기 속에서 발견되었다.

일반적으로 부도형 사리기는 몸체가 8각형에 옥개에는 기왓골이 있는 형태인데 이와는 달리, 몸체가 6각형이고 기왓골도 없음은 특이한 예라고 할 것이다.

도리사 금동 사리구 6각 원당 부도형으로
기단, 몸체, 옥개의 세 부분으로 되었다. 동
국대학교 박물관 소장.(위)

보살 입상 선산 도리사 금동 사리기의 한면
에 새겨진 보살상이다. 동국대학교 박물관
소장.(아래)

봉화 서동리 동 3층석탑 사리구
통일신라, 국립경주박물관 소장

1962년 10월 하순에 해체 수리할 때 제1탑신 상면 중앙에 있는 네모난 구멍(가로 36.2센티미터, 세로 35.3센티미터, 깊이 10센티미터) 밑바닥에서 발견되었다.

활석제 뚜껑 있는 원호(圓壺) 높이 9.2센티미터, 입지름 5.1센티   43쪽 사진
미터, 몸통 지름 7.9센티미터, 밑지름 5.63센티미터. 사리공의 중앙에 안치되어 있었는데 회백색으로 몸통과 뚜껑에 줄이 둘러졌고 굽은 얕으며 뚜껑에는 타원형의 꼭지가 있다.

사리 3알 흰 빛의 투명한 광물질로 좁쌀알만한 크기인데 모두 항아리 안의 흙 속에서 검출되었다. 이 사리는 새 용기에 넣어 다시 봉안되었다.

유리제 사리병 병 높이 3.4센티미터, 몸통 지름 2.2센티미터, 전체 높이 4.1센티미터, 철심 길이 1.5센티미터. 짙은 녹색의 두꺼운 유리제 작은 병으로 원저(圓底)형인데 입 부분이 조금 손상되었다. 같은 빛이지만 따로 만든 유리제 보주형 마개가 있으며 철심이 달려 있다.

토탑 99기 높이 7.35센티미터. 중앙의 사리호를 둘러싸고 99   42쪽 사진
기의 같은 크기와 형태의 회백색 작은 토탑이 뭉쳐 있었는데, 그 배열 방식을 정확히 알 수는 없었다. 이 토탑들은 틀로 박아 구워 만든 후 호분(胡粉)을 바른 것으로 사각형이다.

단층 기단 위에 3층의 탑신과 옥개가 놓이고, 정상에는 방형에 가까운 노반과 4륜 보주의 차례로 상륜부(2.5센티미터)가 마련되었다. 탑신부에는 세부 양식의 모각이 없으며 밑면 중앙에는 1센티미터, 깊이 약 4.5센티미터의 원추심공이 뚫려 있다. 이 구멍은 원래 원형의 작은 나무마개로 막았던 것인데 대부분이 썩어 문드러졌으며 마개가 남아 있는 탑은 17기뿐이다.

이 나무마개가 남아 있는 작은 탑을 조사한 결과, 종이에 먹으로
글씨를 쓴 경편(經片)이 삽입되어 있었으나 그 중 보존 상태가 좋은
것은 2기뿐으로 이것조차 원상으로 펼칠 수는 없었다. 길이 4.2센티
미터로 묵서(墨書)한 작은 종이쪽을 반으로 잘라 가늘게 말아 구멍
의 모양에 맞추어 장치한 것이지만 그 경의 이름은 알 수 없었다.
그러나 기왕에 알려진 경주 황복사 탑 발견의 사리함명에 보이는
「무구정광다라니경」이나 고려 석탑 발견의 진언(眞言 ; 부처의 깨달
음이나 어떤 기원을 나타내는 말)류를 보아 범문(梵文)「다라니경」
으로 추정될 뿐이다.

토탑 서동리 동 3층석탑에서 발견된 작은 토탑 99기 가운데 일부이다. 이 탑들은 틀로
박아 구운 후 호분을 바른 것이다. 이러한 탑은 「무구정광대다라니경」의 내용에 의거
하여 제작되었던 것으로 보인다. 국립중앙박물관 소장.(왼쪽)

사리구 위 왼쪽 것은 짙은 녹색의 두꺼운 유리제 사리병이고, 오른쪽은 사리공의 중앙
에 안치되어있던 회백색의 활석제 뚜껑 있는 둥근 항아리이다. 국립중앙박물관 소장.
(오른쪽)

전 영일 법광사지 3층석탑 사리구
통일신라, 국립경주박물관 소장

1968년 8월경 유물이 불법자들에 의해 도난되었다가 후에 수습되었다.

45쪽 사진 납석제 소호(小壺) 높이 4.3센티미터, 입지름 3.5센티미터, 허리통 지름 5.0센티미터, 아래 지름 4.0센티미터. 회백색 원통형의 작은 항아리로 아래위에 얕은 굽과 구연이 있고, 몸통을 돌아 2줄의 가는 선을 둘렀다. 몸통에는 묵서(墨書)로 "불정존승다라니"라고 4줄의 해서로 쓰여 있지만 파열된 금이 보인다. 내부에는 흰 빛의 사리 8알이 들어 있었는데 뚜껑은 없어졌다. 신라 하대의 작품으로 추정된다.

청동 사리호 높이 7.5센티미터, 입지름 4.2센티미터, 몸통 지름 6.7센티미터, 밑면 지름 4.2센티미터. 전면에 푸른 녹이 있고 몸통에 파열된 금이 보인다. 뚜껑이 있으며, 원래는 도금하였던 것같이 보이나 거의 벗겨져서 청동색을 하고 있다. 탑지와 함께 발견되었다고 하나 확실한 조사에 의한 것은 아니며 제작 연대는 같이 수습된 석호(石壺)보다 아래이다.

이와 같은 항아리 모양의 용기는 고대 일본 사리용기의 주류를 이루게 되었던 것이지만, 신라에서는 이러한 예가 드물고 봉화 서동리 동탑 발견의 사리용기(활석제)가 있는 정도이다.

46쪽 사진 탑지석 2 석탑의 건립과 이건 및 2회에 걸친 중수의 사실이 각각 그 연대를 달리하면서 각면에 새겨져 있다.

제1석(길이 10.8센티미터, 폭 4.0센티미터, 글자 크기 0.5센티미터)에는 직사각형의 대좌를 밑에 지니며, 정상은 2단인 개부가 마련된 석비형(石碑形)이다. 넓은 앞뒷면과 좁은 옆면에는 각각 3줄과 1줄의 간단 명료한 문자를 음각하였다. 재료는 연질의 회흑색인 납석제이다.

사리구(일부)   왼쪽 것은 "불정존승다라니"라는 먹글씨가 있는 회백색 원통형의 작은
항아리이고, 오른쪽은 청동 사리호이다. 이 청동 사리호는 왼쪽의 납석제 항아리보다
제작 연대가 아래이다. 국립경주박물관 소장.

탑지석 법광사지 3층석탑의 건립과 이건, 중수 등이 연대를 달리하면서 각면에 새겨
져 있다. 연질의 회흑색인 납석제인데 간단 명료한 문자로 음각되었다. 우리나라에서
보기 드문 비석형 탑지석이다. 국립경주박물관 소장.

영태 2년명 사리구(永泰二年銘舍利具)

통일신라, 동국대학교 박물관 소장

1966년 경기도 안성군 이죽면 미륵당의 석탑에서 발견되었다고 전할 뿐이다.

납석제 지석 가로 10.4센티미터, 세로 11센티미터. 상면 중앙에 **49쪽 사진** 깊이 2.4센티미터, 지름 2.5센티미터의 둥근 구멍이 파였고, 전면에 푸른 녹이 있는 동제 소호가 안치되었다. 명문(銘文)은 지석의 옆면에 4줄로 적혀 있고, 아랫면에 순화 4년(993, 고려 성종 12)의 추명(追銘)이 있다. 각면의 서체도 글자 크기가 다르며 명문의 '영태'는 당의 대종대(代宗代) 연호로 그 2년은 신라 혜공왕 2년(766)에 해당되는 현존하는 가장 오래 된 탑지석이다.

청동제 소호 높이 6.7센티미터. 원호의 표면에 문양이 없는 작은 **48쪽 사진** 것으로 마개는 같은 청동제의 호로병형(葫蘆甁形, 높이 2센티미터)을 하고 있는 것이 특이하다. 이 호의 밑에 굽(지름 2.3센티미터)이 있고, 입지름에 비하여 허리통 지름이 큰 3.5센티미터이며 어깨 부분에는 한 줄의 띠가 둘러져 있다. 이 호의 밑면이 침식되어 구멍이 뚫어진 것은 오랜 세월의 탓이겠는데, 그 안에서 사리는 나오지 않았다.

신라의 사리용기는 유리제 사리병이 주류를 이루고, 금속제 병(壺)은 그 예가 드물다. 더욱이 사리병은 단독으로 안치되지 않고 이를 외호하는 용기인 외함이 마련되는 것이 격식인데, 이 탑에서는 탑지석에 구멍을 파고 장치하였으니 약식으로 보여진다. 그리고 신라에서 많은 탑의 건립과 중수가 국가나 왕실의 발원에서 이루어진 것과는 달리, 이 탑에서는 축서사 탑(鷲棲寺塔)의 석호에서와 같이 민간인(僧俗三人)의 힘으로 이루어졌음을 알 수 있어, 신라 불교 신앙의 한 면을 보여 준다고 하겠다.

청동제 소호 신라의 사리용기는 유리제 사리병이 주류를 이루고 있어 이 청동제 소호 같은 금속제 병은 그 예가 드물다. 안성군 이죽면 미륵당의 석탑에서 발견된 것이라고 전한다. 동국대학교 박물관 소장.

납석제 지석 지석의 앞면에는 구멍이 파여 청동제 소호가 안치되었다. 뒷면에 순화
9년(993)의 추명이 있고, 지석 옆면에 '영태 2년(766)'이라는 명문이 있다. 현존하는
가장 오래 된 탑지석이다. 동국대학교 박물관 소장.

민애대왕 석탑내 발견 사리구
사리석호(舍利石壺):신라 말기, 동국대학교 박물관 소장
금동 조각 장식판:신라 말기, 국립중앙박물관장 소장

　1966년 팔공산 동화사 비로암 석탑 안에서 발견된 것으로 본다.
납석제 사리석호　높이 8.5센티미터, 입지름 8센티미터, 밑지름
8.5센티미터. 안팎을 둥글게 깎아서 만들었는데 표면에 흑칠한 것이
특이하다. 입 부분과 몸체 밑의 둘레에 구름문과 연화문이 조식되었
는데 몸통에 가는 선으로 정간(井間)을 마련하여 한 줄에 7자씩
38줄을 해서(楷書)로 음각하였다. 명문의 '함통 4년(咸通四年)'은
신라 경문왕 3년(863)이다. 석호(石壺)가 일부 파손되고 뚜껑이
없어진 것은 도굴배들의 불법 행위에 의한 것이다. 이 사리호와
유사한 것으로는 봉화 축서사 석탑 발견의 함통 8년명 사리원호
(舍利圓壺)가 있다.

납석제 사리석호　'함통 4년(863)'이라는 명문이 있다. 동국대학교 박물관 소장.

금동 불상 조각 장식판　가로 14.5센티미터, 세로 15.5센티미터. 금동판 4장은 모두 분리되었으나 거의 크기가 같다. 각판 가장자리에 같은 간격으로 구멍 네 곳을 뚫어 서로 연결시켜 방함(方函)을 이루게 하였다. 그러나 구조상 뚜껑은 없었던 것 같다. 이들은 모두 도금한 내면에 같은 크기의 삼존상을 선각(線刻)하여 배치하였는데, 주존(主尊)은 좌상이고 그 좌우의 보살상 각 1구는 모두 같은 크기의 합장한 입상이다. 각판의 주불(主佛)은 앙복연화좌(仰伏蓮花座) 위에 결가부좌하고 두신광을 갖추었다. 보살상은 낮은 단판연화좌 위에 서서 원형 두광과 소형 천개를 갖고 있다. 이들 조각 장식판 4장이 방함을 이루면 사방불이 됨을 알 수 있다.

문경 봉서리 석탑 사리구
통일신라, 국립경주박물관 소장

사리구는 은제 타출(打出)의 병 모양에 밑판을 붙인 은제 병 모양52, 53쪽 사진의 사리용기(전체 높이 3.1센티미터)가 동주제 도금(銅鑄製鍍金)의 8각 원당형 용기 안에 안치되는 2중 용기로 되어 있다. 또한 정교하게 제작된 보살 입상도 있으나 용기 안에서의 안치 상황은 알 수 없다.

금동 8각 사리용기　전체 높이 8.1센티미터. 몸체 이하는 전체가 통째로 붙어 있고, 기단 8면에는 안상이 각면 1구씩 투각되었다. 밑판에 구멍 하나를 뚫었는데, 이것은 아마도 물을 빼기 위한 장치라고 짐작되며 뚜껑 정상에는 보주형의 꼭지가 있다.

이 탑의 사리구는 일본에 유출되어 있었으나 1966년 5월 '한일문화재에 관한 협정'에 따라 이 밖의 목제 원형호(木製圓形壺) 등과 함께 서울로 인도되었다.

내화리 석탑 보살 입상 1932년 3월 조선총독부에서 입수한 불상이며 순금으로 제작되었다. 높이 2.9센티미터.

내화리 석탑 사리구 왼쪽은 보살 입상, 가운데는 은제 병 모양 사리기, 오른쪽은 금동 8각 사리용기이다. 국립경주박물관 소장.

경주 동천리 출토 청동 사리합
신라, 국립경주박물관 소장

전체 높이 7.3센티미터, 뚜껑 높이 1센티미터, 합의 높이 5.3센티미터, 아랫면 가로 7.3센티미터, 세로 6센티미터.

1964년 7월에 출토되었는데 화강석함 속에 들어 있었다. 석함은 윗면 40센티미터의 방형으로 그 중앙에 가로, 세로 20센티미터, 깊이 10.5센티미터의 함공(函孔)이 있고, 아랫부분은 줄어들어 한 변이 15센티미터이다.

청동 사리합 합의 윗부분은 뚜껑을 받는 인롱(印籠)이 있어 뚜껑을 닫으면 꼭 맞게 되었으며, 합 바깥 면에 사천왕상을 1구씩 선각하였다. 뚜껑은 윗면이 2단으로 되고, 중앙의 보주형 꼭지를 중심으로 방형 대각에 화엽(花葉) 중심을 두고, 그 사이에 또 한 잎씩을 둔 선각으로 보상화문을 2단 배치하였다. 합 안에 콩알만한 크기의 물체가 있었다고 하는데 아마 사리가 아니었나 생각된다.

동천리 출토 청동 사리합   국립경주박물관 소장.

금동 원형 탑문 사리기
통일신라, 현재 일본 국립박물관 소장

　은제 잔 모양 용기, 은제 탑 모양 합, 금동 원형 합을 일괄품으로
하는 작은 것에서 큰 것의 차례로 겹쳐 넣는 방법의 사리용기들로
경주 남산의 석탑에서 발견된 것이라고만 전한다. 사리기를 여러
겹으로 겹치는 것은 불국사 석가탑의 예가 있듯이 인도 옛 탑에서의
장치 방법의 전통을 이은 것이라고 할 수 있겠다.

　은제 잔 모양 용기　높이 4.0센티미터, 입지름 4.7센티미터. 구연
부에 뚜껑을 덮은 흔적이 보이지 않으므로 이것이 처음부터의 완형
일 것 같다. 이러한 잔(杯) 모양의 용기에 사리병을 안치하는 예로

는 송림사 전탑과 석가탑의 사리용기가 있는 것으로 미루어보아 이것이 신라 중엽 사리 봉안의 한 방식이라고 할 수 있겠다.

은제 탑 모양 합 높이 8.2센티미터. 어자문 바탕에 보탑, 악기, 꽃나무 가지 문양 등을 타출(打出)하고 선각의 수법으로 장식하였다. 이 보탑의 양옆에 보이는 꽃나무 가지문도 석가탑 사리구 중의 은제 사리내합에서 보이는 꽃나무 가지문과 유사하며 뚜껑 상부에는 한 재료로 된 상륜형이 있다.

금동 원형 합(金銅圓形盒) 높이 9.4센티미터. 재료는 동제에 도금한 것이며 선각으로 99기의 탑을 옆면 전체에 둘렀다. 이렇게 외함에 탑을 음각한 예로는 이미 황복사 탑의 것이 있는데 외면에 탑을 새기는 것은 탑 안에 다수의 소탑(小塔)을 안치한 것과 마찬가지로 「무구정광대다라니경」이 설하는 소탑 공양의 공덕이 있기를 기원하기 때문이다. 가장 안에 들어 있었을 사리병은 없어졌지만 이들을 합한다면 4중 용기의 형식이다.

사리외함에 소탑을 음각한 예를 해외로 유출된 본품에서 또 하나 알게 되어 다행스럽다. 그런데 황복사 탑 발견 사리외함의 경우, 평면이 4각형이고 단층탑을 음각한 데 대하여 일본에 있는 것에서는 3층탑이 새겨졌고, 용기도 합인 점이 다르다.

동제 8각사리구
신라, 국립경주박물관 소장

56쪽 사진

전체 높이 10.4센티미터. 8각 부도형의 사리구로서 동제이며 기단부, 몸체, 옥개부의 세 부분으로 되어 있다. 기단 각면에는 안상이 있고 2단의 받침 위에 몸체가 놓여졌다. 옥개의 정상에는 8각의 노반(露盤)을 마련하고 표주박 모양의 보주를 얹었는데 옥개와 하나로 만들어졌다. 몸체 안에는 녹색 유리제 사리병이 안치되었는데 이 병과 함께 금가루, 종이쪽, 삼실 등도 함께 들어 있었다고 한다.

동제 8각 사리구 8각 부도형으로 몸체 안에 녹색 유리제 사리병이 안치되었다. 국립경주박물관 소장.

57쪽 사진

전 흥법사 염거화상탑지
신라, 국립경주박물관 소장

가로 17.2센티미터, 세로 28.9센티미터. 염거화상의 부도(浮屠)는 일제시대에 강원도 원성군 지정면 안창리에서 서울 탑골공원으로 일본인들이 옮겼다가 후에 다시 경복궁으로 이건하였다. 이 부도가 절터에서 떠날 때 6줄 48자의 해서체(楷書體)가 있는 구리 탑지판(塔誌板)이 발견되었다. 이 탑지판에는 신라 문성왕 5년(會昌 4, 844)에 염거화상이 입적하였음을 전하고 있다. 세속인의 묘지(墓誌)와 같은 탑지는 비록 화상 개인의 입적을 기록한 것이지만, 이것으로서 이 부도가 우리나라 8각 원당형 부도 중에서 현존하는 것으로는 가장 오래 된 것임을 알게 된 소중한 학술 자료다.

그러나 원소재지가 원성군이라고 하지만 확실치 않고 염거화상이 신라 말의 스님이지만 사적(事蹟)에 대하여는 잘 알 수 없으며 다만 전남 보림사 보조선사 탑 비문에 '염거선사(廉居禪師)'라고 보일 뿐이다.

전 흥법사 염거화상탑지 구리로 만들어
진 탑지판으로, 회창 4년(844)에 염거
화상이 입적하였다는 내용이 음각되었
다. 국립경주박물관 소장.(위)
전 염거화상탑 현재 경복궁에 있는 탑으
로 탑지의 명문에 의해 우리나라에서
가장 오래 된 부도임이 밝혀졌다.(아
래)

전 광양 석탑 출토 금동 8각 사리기
통일신라, 현재 일본 동경국립박물관 소장

높이 17.8센티미터. 전남 순천군 광양면 석탑에서 출토되었다고
전한다. 금동제 8각 원당형의 사리기로서 구리를 부어 만든 8각
좌대와 두꺼운 구리판을 접어서 만든 8각통 모양의 탑신과 구리판
을 두들겨 만든 8화형의 옥개, 그리고 그 정상에 안치된 구리로
된 보살 좌상의 4부분으로 각각 만들어 조립하였다.

합장하고 앉아 있는 자세의 보살상은 각면에 보상당초문을 선각
한 옥개 위에 있다. 탑신의 8측면에도 역시 선각으로 8구의 사천왕
입상이 조식되고, 간지는 어자문으로 가득 채웠다. 8각형의 탑신
옆면에 각각 불상을 새기고 영락과 보상화문을 선각하여 장식한
원당형 사리기는 고려시대에 유행한 형식이지만 정교한 처리 기법
은 옛 방식을 따랐다. 옥개 윗면에 선각된 보상화문에서 당나라의
영향이 짙은 점으로 미루어 통일신라 말기의 작품으로 짐작된다.
이와 같은 원당형 사리기에는 원래 유리제 사리병 등의 작은 사리병
을 안에 안치하는 것이 통례이므로 이곳에서도 사리병이 안치되었
을 것으로 짐작된다.

일제시대에 대구에 거주하던 오꾸라다께노스게(小倉武之助)의
오꾸라 문화 재단이 1982년 동경국립박물관(東京國立博物館)에
기증한 것이다.

금동 경통(金銅經筒)
통일신라, 국립중앙박물관 소장

높이 14.5센티미터, 밑지름 3.5센티미터. 경문(經文)을 보관하기
위한 경통이 장엄구와 함께 발견되는 일은 매우 드물다.

원통형인 몸통에 복판(複瓣) 8잎의 연화받침을 갖추었고 범자
(梵字)가 쌍구체(雙鉤體)로 새겨졌다. 뚜껑은 없으며 윗면에는 3

단으로 된 상륜부 같은 꼭지가 마련되었다. 경통 겉면은 범자를
제외한 다른 장식 문양은 없으며, 푸른 녹이 덮여 있다. 군데군데에
도금 흔적이 남아 있는데 받침의 연판은 통일신라시대의 특색을
지니고 있다.

봉화 취서사 석탑 사리석합
867년(통일신라), 국립경주박물관 소장

높이 9.5센티미터, 몸통 지름 11.75센티미터. 납석제이며 뚜껑이
있고, 옆면에 작은 구멍이 뚫려 있다. 밑면에 '석장 신노(石匠神弩)'
라고 제작자의 이름을 새겼는데, 우리나라 고대 사리구에서 작자의
이름을 쓴 예는 극히 드문 일이다. 둘레에 16줄의 행선(行線)을
긋고 명문(銘文)을 음각하였는데 경문왕 7년(함통 8, 867)에 탑을
세우고 사리를 넣는 소원을 밝혔다.

이와 유사한 신라 하대의 사리합으로는 팔공산 비로암 석탑의
납석제 합과 봉화 서동리 동탑 사리합 등을 들 수 있겠다.

양양 선림원 석탑내 발견 소탑
신라, 동국대학교 박물관 소장

60쪽 사진

높이 6.5센티미터, 8.2센티미터, 7.2센티미터, 7센티미터. 1965
년 탑을 복원할 때 기단부에서 발견된 소탑 60여 기 중의 일부이다.

이들 공양 소탑은 「무구정광대다라니경」에 따라 석탑 내부에
납입되었던 것들인데 이 경전에서는 소탑(小塔)을 77기 또는 99
기를 조성하여 봉안하면 많은 공덕을 얻는다고 말하고 있다.

이 소탑들은 모두 형태가 다르다. 곧 직사각형의 기단과 함께
우주(隅柱)를 나타낸 것도 있고, 약화(略化)된 기단에 옥개를 나타
내기도 하였다. 또는 기단에 단조로운 하트형(心型)의 안상(眼象)
을 나타내기도 하고 혹은 정사각형의 기단 면석을 새기기도 하였

선림원 석탑내 발견 소탑(일부)　동국대학교 박물관 소장.

다. 탑의 층수는 3층이 가장 많고, 4,5층의 소탑도 발견되었는데 재료는 납석이다. 이들 소탑의 바닥에는 작은 구멍이 있어 진언 (眞言)을 끼워 넣었던 것으로 짐작된다.

토탑(土塔)
9세기(신라), 단국대학교 박물관 소장

높이 4.2~7.5센티미터. 밑면을 원형으로 하였는데 각기 그 층수 가 다르다. 원래 작은 토탑은 99기로 발견되지만 그보다 수가 적은 몇 개씩 발견되기도 한다. 발견되는 지역은 대개 경주를 중심한 지방이지만 충청도 지방에서도 몇 기씩 납석제나 목제 소탑이 발견 되었다. 밑면은 방형과 원형이 있는데 층수는 3층과 5층이 많고, 제작 방법도 합천 해인사 일주문 앞 석탑과 같이 같은 틀로 제작하 기도 한다. 그런데 토탑은 거의 통일신라시대에 제작되었던 점이 특징이라 하겠다.

합천 해인사 묘길상탑기 지석
9세기(신라), 국립중앙박물관 소장

가로, 세로 23센티미터, 두께 2.5센티미터. 1960년 여름 합천 해인사 부근의 석탑에서 발견되었다고 전하는 4장의 전제(塼製) 탑지 중의 하나이다. 겉면에 정간(井間) 또는 괘선을 만들고 해서체로 앞뒷면에 음각하였다. 글자 크기는 양면 모두 1∼1.5센티미터이며 건녕(乾寧) 2년은 신라 진성여왕 9년(895)이 된다.

고려시대

익산 왕궁리 5층석탑 사리구
국보 123, 고려, 국립중앙박물관 소장

1965년 11월 하순에 탑을 해체 중수할 때 제1층 옥개석 상면과
지하 심초석에서 사리장치가 발견되었다.

65쪽 사진 **금제 방형 사리합** 전체 높이 9.8센티미터, 뚜껑 높이 3.7센티미
터, 가로 7.2센티미터, 세로 6센티미터. 사모집형의 뚜껑을 가진
방형 합이다. 몸체 4벽면에는 각면을 안팎 2구로 나누어 안쪽 넓은
면에는 연봉오리 문양의 변형으로 보이는 화엽문, 바깥 쪽은 크고
작은 환문(丸文)을 눌러 찍어 연주문대(連珠文帶)로 하였다. 뚜껑도
같은 계통의 문양으로 장식하였는데 지붕 위에는 반쯤 핀 연꽃을
나타낸 꼭지가 있다. 이 합 속에는 사리병이 들어 있었다.

66쪽 사진 **유리제 사리병** 전체 높이 7.7센티미터, 병 높이 6.1센티미터,
입지름 1.0센티미터, 금제 마개 길이 1.8센티미터. 녹색의 양질 유리
로 만들었는데 목이 긴 병의 곡선미를 품위 있게 나타내었으며,
8잎의 연꽃봉오리 모양의 금제 마개가 있다. 병이 안전하게 놓이기
위하여 앙련화좌를 떠받친 사각형의 병 받침(瓶底下臺)을 갖추고

있다. 병의 입 부분은 석가탑 사리병같이 밖으로 퍼졌다. 전체 모양은 송림사 탑 사리병과 유사하며 우리나라 유리제 사리병의 대표가 될 만하다.

금동 경판내합　가로 19.1센티미터, 세로 15.3센티미터. 「금강경(金剛經)」이 들어 있었는데 표면에는 아무런 장식 문양이 없다. **64쪽 사진**
뚜껑은 4변의 직각 변두리 위에서 폭 2.1센티미터 모꺾기를 했고, 그 윗면 중앙에 2중으로 연꽃을 양주(陽鑄)하고, 금고리가 달린 꼭지를 붙였으며 합의 평면은 둥근 모양이다. 이 내합은 다시 금동제 외함에 넣어져 있다.

불설금강반야바라밀경첩　길이 14.8센티미터, 폭 13.7센티미터. 금대(金帶) 2줄로 묶은 19장으로 된 순금제 「금강경」판이다. 1장에 17줄(글자 크기 0.6~0.7센티미터)로 줄마다 17자이고, 사경체 문자(寫經體文字)는 두들겨서 문자를 찍어 낸 듯하며 연속하여 펼 수 있게 하였다.

신라시대에는 조탑 소의경이 「무구정광대다라니경」이었는데, 이 탑에서는 「금강경」이 나타남으로써 시대의 흐름과 함께 신앙의 변천을 느끼게 한다. 더욱이 순금판경은 국내외에서 그 유례를 찾을 수 없는 보물이라 하겠다.

청동 여래 입상　전체 높이 17.4센티미터, 불신 높이 9.0센티미터. 복련과 앙련으로 된 원형대좌 위에 선 청동 여래 입상이다. 육계가 큰 편이고 법의는 통견이며 오른손은 시무외(施無畏), 왼손은 여원인(與願印)이다. 원래 당초문과 화염문이 투각된 거신광(擧身光)이 있었으나 보존 상태가 좋지 못하다.

석탑이면서도 한 탑 안의 탑신부와 기단부의 2곳에서 불상, 불경, 사리가 발견된 극히 드문 예이다.

왕궁리 5층석탑 사리구(일부) 위는 금동 경판 내합으로 아래의 순금제 「금강경」판이
넣어져 다시 금동제 외함 속에 안치되었던 것이다. 이러한 순금판경은 국내외에서도
그 유례가 없는 보물이다. 국립중앙박물관 소장.(위, 아래)

금제 방형 사리합 왕궁리 5층석탑의 제1탑신 상면 동쪽 구멍 속에 있었다. 이 속에 사리병이 넣어져 있었고, 합 표면에 연화문, 연주문, 어자문 등이 새겨져 있다. 국립중 앙박물관 소장.

유리제 사리병 왕궁리 5층석탑의 금제 사리합 속에 넣어져 있었다. 목이 길고 금제 연봉오리로 마개를 하였으며, 그 밑에는 병을 받치기 위한 앙련대좌가 마련되었다. 국립경주박물관 소장.

광주 서 5층석탑 사리구
고려 전기, 국립광주박물관 소장

높이 15센티미터. 광주공원 안에 서 있는 탑을 1961년 해체 수리할 때 제2층 옥신 상면의 사리공에서 사리구가 장치되어 있는 것을 발견하였다.

탑형 사리기 전체 높이 15센티미터, 기단 1면 가로 6.8센티미터, 세로 3.3센티미터. 불단 형식의 기단 위에 난간을 두르고 4줄의 굵은 우동(隅棟)이 있는 사모형의 뚜껑을 덮었다. 기단 중앙에 사리합을 안치하였는데, 기단에 2단 받침이 있으며 그 위 중간부 4면엔 옛 방식의 안상이 1구씩 있고, 갑석 윗면에도 2단 받침이 있다. 네 귀퉁이에는 각각 갑옷에 장검(長劍)을 든 사천왕상을 1구씩 원각(圓刻)하여 붙였는데, 난간에는 중앙에 기둥 모양을 세우고, 그 좌우에 2구씩 여의두문을 투각하였다. 탑신부는 뚜껑과 붙어 있으며 네 귀에 기둥 모양을 각출하였다.

각면 중앙에 보살상 1구씩을 따로 만들어 붙였는데, 두광을 갖추고 목걸이를 걸쳤다. 사모형 지붕의 추녀에 각각 3개씩 영락을 달고, 전각에 풍령(風鈴)을 달았다. 지붕 위엔 추녀 끝에 연꽃을 만들어 붙였고, 정상부에는 4잎 복련판 위에 간주(竿柱)를 세우고 그 위에 앙련형의 보주(寶珠)를 얹었다. 이 탑신을 난간 안에 꼭 맞게 들어가도록 덮었는데, 그 속에는 은제 사리호가 2중의 연화대 위에 전시대부터의 전통 방식을 따라 안치되었다.

은제 사리호 전체 높이 27.3센티미터, 몸통 지름 25.8센티미터. 뚜껑 정상부 중심에 놋쇠로 된 원반을 붙이고, 그 중심에 또한 놋쇠로 만든 보주형 꼭지를 달았다. 꼭지의 둘레에는 연주문(聯珠文)이 있고, 뚜껑 둘레에 톱니무늬가 있을 뿐 다른 장식 문양은 없다. 이 단지 안에 크고 작은 사리 62알이 들어 있었다.

신라시대의 운치가 남아 있는 고려시대 사리기의 하나이다.

현 서울 영전사 보제존자탑 사리구

고려, 국립중앙박물관 소장

1915년 원소재인 원성군 절터에서 서울 경복궁으로 탑을 이건할 때 각각의 탑에서 사리장엄구가 발견되었다.

제1탑 발견 유물

🌸 홍무 21년명 지석(洪武二十一年銘誌石) : 세로 20센티미터, 두께 1.8센티미터. 점판암질(粘板岩質)의 돌이며 양면은 붉은 선으로 테두리를 마련하고, 사리 안치의 연유와 그 공덕자의 이름을 새겼고, 후면에는 '홍무 21년 무진 4월 일'의 기년명을 새겼다. 명나라 홍무 21년은 고려 우왕 14년(1388)이 된다.

🌸 동합(銅盒) 2 : 몸체와 뚜껑 가장자리에 각각 '시주 원로(施主元老)' '시주 원씨(施主元氏)'라고 점각(點刻)하였다.

🌸 은제 소감(銀製小龕) : 높이 4.5센티미터. 은제 도금 6각감으로 남양주 수종사의 6각감을 축소한 것 같은 형태이다.

🌸 은제 통(銀製筒) : 납석제의 뚜껑을 갖고 있으며 사리로 추정되는 물체가 천에 싸여 들어 있었다.

🌸 청자상감완(靑磁象嵌盌) : 내면에 동심원 셋이 백토상감(白土象嵌)되었다.

제2탑 발견 유물

🌸 합(盒) 3 : 동합이 2개이며 그 중 1개(높이 9.2센티미터)에는 '시주 원룡(施主元龍)'이라고 새겨졌다. 석합은 1개로 납석제이다.

보제존자는 나옹(懶翁)화상으로 여주 신륵사(神勒寺)에서 입적하여, 그의 석종형 부도가 절의 언덕에 있다. 그런데 보제존자 탑에서 탑지가 발견되어 일반형 석탑도 묘탑으로 쓰여졌던 것을 알 수 있고, 고려 말기에 승사리를 넣은 실제 모습을 알 수 있는 좋은 자료가 된다.

칠곡 정도사지 5층석탑 사리구

고려, 국립중앙박물관 소장

1924년 원소재지인 경북 칠곡군 약목면 복성리에서 경복궁으로 탑을 이건할 때 발견되었다.

동합 2 높이 8.7센티미터, 지름 16.4센티미터.(큰 것)

녹유 사리병 신라시대의 사리병 형태와는 달라 그보다 후대인 고려시대 사리기의 특징을 갖추고 있다. 병은 뚜껑이 있고 배가 불룩한 단지 형태이다.

석탑 조성 형지기 길이 1.065미터, 세로 31.4센티미터. 지본묵서 (紙本墨書)로서 1줄에 32자씩 54줄의 긴 글(長文)이다. 태평 11년 신미 1월 4일의 필사임을 쓰고, 조탑의 원주(願主) 등과 그 목적에 대하여 기술하였다. 이처럼 지본묵서로 조탑 경위를 기록한 형지기는 고려시대에만 나타나는 특징적인 것으로 글 가운데는 이두(吏讀)가 쓰여 있어, 이두 연구에도 좋은 자료가 된다.

평창 월정사 8각 9층석탑 사리구

고려, 월정사 소장

우리나라 석탑에서 독특하게 8각 9층인 이 탑은, 1970년 10월에 해체 수리할 때 제1층과 5층에서 사리장치가 발견되었다.

제1층 탑신 원형(圓形) 사리공 발견품

🔹 동합(銅盒) 1:뚜껑 높이 5.3센티미터, 지름 18.3센티미터.

🔹 청동 거울 4:보상화연쌍룡문경(寶相華緣雙龍文鏡, 지름 19.4 센티미터, 두께 0.5센티미터), 파문경(波文鏡, 지름 11.6센티미터, 두께 0.4센티미터), 무문경(無文鏡, 지름 11.5센티미터, 두께 0.3센티미터), 사룡유명경(四龍有銘鏡, 지름 11.9센티미터, 외연 두께 1.3센티미터, 거울의 안쪽에 양각한 명문이 있다).

🔹 은합(銀盒) 1:계란 크기의 은합은 두들겨서 늘려 만들었고,

뚜껑 지름 4.3센티미터, 합의 입지름은 8.9센티미터이다.

▨ 금동 사각합(金銅四角盒) : 일종의 향합(香盒)으로 뚜껑과 합 밖의 표면에 사천왕상을 2구씩 가늘게 새겼는데 몸키 4.2센티미터, 폭 2센티미터이며, 좌우에는 인왕상을 1구씩 새겼다.

▨ 수정제 사리병(水晶製舍利瓶) : 겉모양은 호로병형이고 병의 안에는 지름 0.5센티미터의 둥근 구멍이 수직으로 뚫려 있다. 병 높이 5.4센티미터. 마개는 향목제이며 병 속에 사리 14알이 들어 있었다.

제5층 옥개석 상면 봉안품

▨ 은제 도금 여래 입상(銀製鍍金如來立像) : 전체 높이 9.7센티미터, 몸키 6.2센티미터, 어깨 폭 2센티미터, 광배 높이 8.5센티미터. 단엽연화(單葉蓮花)가 복련(伏蓮), 앙련(仰蓮)으로 된 9판의 연좌(蓮座) 위에 서 있다. 타원형 신광(身光)이 주형두광(舟形頭光, 높이 8.5센티미터, 폭 4.5센티미터)과 연결되어 입불 뒤쪽에 붙어 있다. 광배(光背)의 주연에는 화염문(火炎紋)을, 머리 위에는 나발(螺髮)과 육계(肉髻)를 표현하였다. 통견의(通肩衣)를 걸쳤으며 가슴 아래쪽 법의(法衣)의 옷주름은 가로로 반호(半弧)를 그렸다.

이 탑에는 새로이 순금 사리병과 순금 불입상을 만들어 순금 사리병은 제1층 탑신에, 순금 불입상은 제5층 탑신에 봉납하였다.

부여 장하리 3층석탑 사리구
고려, 국립부여박물관 소장

두 차례에 걸쳐서 유물이 발견되었다.

제1차 조사는 일제 때인 1931년에 행해졌는데 기단부에서 은합 1, 목칠합 1, 목제 박압 소탑(木製箔押小塔) 등이 발견되었다.

1962년의 제2차 조사에서는 제2층 옥신 윗면 중앙의 원공에서 사리장치가 발견되었는데, 사리구는 외병(外瓶)과 내병(內瓶)으로 되었다.

외병 전체 높이 9.5센티미터, 병 높이 6.9센티미터, 마개 높이 3.2센티미터, 꼭지 높이 2.2센티미터, 입지름 2.9센티미터, 몸통 지름 4.2센티미터. 금동으로 만들어졌으며 병의 대(臺)와 뚜껑이 갖추어져 있다. 도금은 거의 벗겨져 약간 흔적이 남아 있을 뿐, 전체에 문양이 치밀하게 음각되었는데 푸른 녹이 덮여 있다. 병의 몸통에는 2개의 귀가 붙어 있고, 두 귀에는 모두 청동 철사로 타원형의 계란 모양으로 된 연쇄사슬이 달려 있는데 한 쪽은 11개이고, 다른 한 쪽은 12개가 연결되어 있다.

뚜껑의 외부는 능선으로 8각을 이루어, 마치 8각 부도의 옥개형을 연상케 한다. 뚜껑 중앙에는 8잎 연판(蓮瓣)으로 유좌(紐座)를 만들고, 그 중앙에 원형 4단의 탑 모양을 한 꼭지가 달렸는데, 이러한 형태는 사리탑의 상륜부를 모방한 것 같다. 병에는 여러 곳에 구멍이 뚫려 있는데, 주조할 때 용액이 잘 돌지 않은 탓인 것 같다. 이 외병 속에 사리를 넣은 내병을 넣고 병주둥이를 닥종이로 밀폐하였다.

내병(內瓶) 전체 높이 4센티미터, 병 높이 3센티미터, 꼭지 높이 0.8센티미터, 뚜껑 높이 1센티미터, 몸통 지름 1.8센티미터, 입지름 1센티미터.

은으로 만든 대가 붙은 뚜껑 있는 병이다. 은질이 산화하여 병 전체에 보라색 녹이 덮였으며, 아무런 장식이 없는 소문병(素文瓶)이다. 뚜껑에는 2단의 탑 모양 꼭지가 달렸고 내부에는 외병에서처럼 닥종이로 매우 작은 진주 7알을 싸서 채웠다. 사리장치로서는 비교적 간단한 형식이다.

광산 신룡리 5층석탑 사리구
지방문화재 98, 고려, 국립광주박물관 소장

1981년 9월에 석탑을 해체 복원할 때, 제1탑신의 윗면 중앙에 한 변의 길이 18센티미터의 정방형과 아랫단 한 변 길이 9센티미터의 각형 2단인 방형 사리공(총 깊이 14센티미터) 속에서 유물이 발견되었다.

금동 사리합 뚜껑을 포함한 전체 높이 9센티미터, 너비 6.5센티미터, 두께 5센티미터. 도금은 양호한 상태이며 장식 같은 것은 없고 뚜껑의 한쪽 언저리에 균열이 있다.

금동 사리병 전체 길이 6.5센티미터, 몸통 지름 2.7센티미터. 도금이 벗겨져 부식된 부분이 있으며 굽이 달린 꽃병 모양의 보주형 꼭지가 있다. 어깨에 1줄의 띠를 두르고, 몸체 중앙에도 1줄의 띠를 음각하였다.

목조 소탑 높이 3.2센티미터, 3.7센티미터, 2.7센티미터, 4.7센티미터, 3센티미터, 2.4센티미터, 1.7센티미터. 탑의 부식이 심하나 비교적 완형에 가까운 것 7기가 수습되었다. 이들 중 완전한 것은 5층탑의 형태였고 목탑의 조각도 원래는 5층탑이었던 것으로 보여지기도 한다. 이 석탑 안에서 발견된 작은 목탑도 이미 충청 지방을 중심으로 한 백제 지역에서 발견된 것과 같은 일련의 소탑류의 하나로 보아야 되지 않을까 한다.

이 유물들의 발견으로 탑 안에서 공양 소목탑 발견의 남한계선이 지금까지의 충청 지방에서 전남 지방까지로 확대되었다고 생각할 수 있게 되었다.

현 경복궁 남계원지 석탑 사리구
고려, 국립중앙박물관 소장

1915년에 석탑을 경기도 개풍군에서 서울 경복궁으로 이건할 때 감지은니 「묘법연화경(妙法蓮華經)」 전 7권이 발견되었는데 이 경전은 고려 충렬왕(1274~1308년) 이후에 납입한 것으로 보인다. 현재 보존 상태가 좋지 않은데, 탑 속에서 이같은 유물이 발견된 예로 현존하는 것이 매우 적어 귀중하다고 하겠다. 경을 내장하였던 남계원지의 이 석탑은 고려탑의 특징을 잘 드러내는 대표작의 하나이다.

광주(廣州) 춘궁리 동탑, 서탑 사리구
고려, 국립중앙박물관 소장

동쪽과 서쪽에 서 있는 3층석탑, 5층석탑을 1965년 12월부터 1966년 1월에 걸쳐 해체 보수를 하였다.

3층석탑 유물   제1탑신 중앙에 원형으로 2단 사리공(외원지름 3.15센티미터, 깊이 11.0센티미터)이 있었고, 그 속의 토사 중에서 은제품의 조각과 타원형의 금동제 소합(폭 3.0센티미터, 높이 0.9센티미터, 길이 4.0센티미터) 및 사리 몇 알이 발견되었다. 그리고 하층 기단 중앙부의 흙 속에서는 소석탑이 발견되었다.

이 작은 탑들은 납석으로 만들었고 현재 29기만이 남아 있다. 그런데 신라시대의 공양 소탑은 같은 형태와 같은 층수인 것이 대부분인데(봉화 서동리 탑, 해인사 홍전문전 석탑), 이 3층석탑에서는 소석탑의 층수나 형태가 각각 다르다. 그리고 신라시대의 공양 소탑은 밑면에 거의 작은 구멍이 있는데 이 탑 중에서 구멍이 있는 것은 1기도 없었으나 까닭을 알 수 없다. 밑면도 평면을 이루지 못하거나 부정확한 4각형을 이룬 것도 있었다.

석탑 기단부 면석이 떨어져 나가 내부가 밖에서 들여다보이기 때문에 다소 결실되었을 가능성이 있어 공양 소탑이 현존 수보다 더 있었던 것으로 짐작된다. 공양 소탑이 한반도 중부의 경기도 지방에서 발견된 것은 이 탑에서 뿐이다.

이 밖에 동제 여래 입상(현재 높이 7센티미터, 손과 다리 부분 결실)도 발견되었다. 3층석탑 옆의 5층석탑은 4층 옥개석 내면에 사리공이 있었으나 사리구의 발견은 없었다.

금강산 남보현사지 3층석탑 사리구
고려, 장안사 소장

1933년 금강산의 남보현사지 석탑의 초층 탑신에서 목조 소탑 등이 발견되었다. 작은 목탑 4기 중 3기는 3층이고, 1기는 9층탑인데 모두 밑면에 지름 약 1.1센티미터의 둥근 구멍이 뚫려 있어, 그곳에 경문을 장치하였을 것으로 믿어진다. 기단은 거의 방형 단층인데 2층인 것도 있으며 노반, 보주 모양을 조각하였다. 탑 속에 넣는 공양 소탑은 흙으로 만든 것(해인사의 탑), 돌로 만든 것(동화사 금당암 석탑) 등이 일반적이고 목제 소탑은 석가탑을 제외하고는 잔존하는 예가 드문 편이다.

이들 유물의 양식은 신라탑의 전통을 보이고 있으나 기단이 단층으로 되는 등 시대의 하강을 보여 고려시대의 작품으로 짐작된다.

목제 3층탑 　높이 4.3센티미터, 밑지름 1.8센티미터.

목제 3층탑 　높이 5.5센티미터, 밑지름 2.4센티미터.

목제 3층탑 　높이 6.6센티미터, 밑지름 1.8센티미터.

목제 9층탑 　높이 7.1센티미터, 밑지름 2.0센티미터.

이 밖에 목제 봉(길이 29.6센티미터, 지름 1.1센티미터)도 함께 발견되었다.

회양 금장암지 4사자탑 사리구
고려

1939년 금강산에서 발견되었다.

은제 3층탑 1　높이 13.6센티미터, 밑지름 5.8센티미터.

청동제 완(鋺) 1　높이 3.3센티미터, 지름 12.1센티미터.
금동 석가여래 좌상 1　높이 9.4센티미터.

현 서울 통화 23년명 탑지석

75, 76쪽 사진

고려, 동국대학교 박물관 소장

흑색의 납석질판으로 크기는 가로 11.6센티미터, 세로 11센티미터, 두께 0.55센티미터. 글씨는 양면에 각 6줄이 배열되었고, 줄마다 6~9자이다. 앞면과 뒷면에 윤곽과 행간 괘선을 마련하고 해서체로 음각하였다.

　　앞면
維統和二十三年歲次 乙巳五月二十日東

통화 23년명 탑지석(앞면)
고려시대에 들어 탑지석의 크기가 소형화되는 경향인데, 그러한 현상을 보여 주는 좋은 예이다. 동국대학교 박물관 소장.

邊塔伍落治建時 寺主嵩敎定性大 師昶

秀和尙時造一 千仏祖堂五間千仏

　뒷면

堂九間助成徒衆 第一坐契元院主光慶

典坐祐躍史肧相 大唯乃利聰副唯乃利緣

旁頭利善千佛太匠 崇禮等三百餘人

중수할 때에 조성된 것으로 대유내(大唯乃), 천불태장(千佛太匠) 등의 직명과 승명을 알 수 있는 좋은 자료이며, 통화(統和) 23년은 고려 목종 8년(1005)이 된다.

　이와 같은 정사각형에 가까운 탑지석은 고려에 들어와서는 차츰 크기가 작아지는 경향을 보인다.

통화 23년명 탑지석(뒷면)
동국대학교 박물관 소장.

청동 탑 모양 사리기
고려, 서울 호림박물관 소장

높이 15.5센티미터. 출토지는 알려져 있지 않다. 밑에는 나팔 모양의 받침이 달려, 그 위의 둥근 몸체를 받치고 있다. 이 몸체 반쯤되는 곳을 두 부분으로 나누어 아래는 몸체로 하고, 위는 뚜껑 부분으로 하였다. 뚜껑 위에는 얕은 턱이 있고, 그 위에 인도탑의 산개와 같은 형식인 4층의 보륜 꼭지가 있고, 그릇의 표면엔 아무런 장식도 하지 않았다.

그런데 이 사리기는 인도 근본 8탑 중의 하나로 알려지는 피푸라화탑지에서 출토된 사리용기의 몸체와 형태가 비슷한 둥그스럼한 형태이다. 또 꼭지 부분이 산개(傘蓋)와 같이 여러 층으로 쌓여 올라가면서 차츰 크기가 줄어든 것도 탑을 의식한 것으로 보인다.

이와 같이 인도탑의 사리용기와 비슷하여 일단 사리용기로 볼수 있기는 하지만 이렇게 큰 사리용기가 없는 점으로 미루어 향로(香爐)로 쓰였을 것으로 보기도 한다.

현 서울 지대 3년명 금동 사리탑 사리구
고려, 개인 소장

안팎의 두 용기로 구분되었으며 해방 후에 소장하게 되었다고 한다.

사리탑 전체 높이 24.5센티미터. 연화좌와 탑신 상륜이 모두 원을 기본으로 하고, 각각 별개로 조성되었다. 대좌에는 8개의 권각(圈脚)을 달았으며, 그 위에는 양각된 복련(覆蓮)이 둘러졌고, 다시 상면의 겉둘레에는 한 장씩 오려 낸 앙련판(仰蓮瓣)을 3중으로 붙였다. 탑신은 세장한 계란형으로 속이 비었는데, 위아래의 끝이 좁아들면서 수평으로 잘라져 위로는 상륜이 만들어졌다.

탑신을 돌아서 입불상 4구가 있는데, 이들은 사방불(四方佛)의 배치로 보여진다. 부처의 형태는 두광이 있는 나발(螺髮)에 통견의를 입었고 정면상(正面像)으로 모두 합장하였다. 간지(間地)는 영락문으로 나누었는데 영락문이나 불상 모두 가는 선으로 음각되었다. 상륜은 원판형의 9륜이 상부를 향하여 차례로 줄어들었고, 정상에는 연봉오리형의 보주가 연주문좌의 위에 놓였는데 이것도 속이 비었다.

사리용기　외부에서 보호하는 원형 용기와 8각 탑 모양 사리기로 나누어 따로 만들어졌다. 원형 용기(지름 4센티미터, 높이 4.2센티미터)는 작은 원통으로 윗부분에 둥근 뚜껑이 있는데, 원통 둘레에 명문이 있고, 뚜껑의 중앙에는 연꽃봉오리 모양의 꼭지가 원좌 위에 만들어졌다. 8각 원당형의 사리용기는 은제(높이 3.5센티미터)이며 대좌에서 분리된다.

8개의 다리 위에 대반형(台盤形)이 있어 이곳에서 8각 탑신의 아랫부분과 서로 맞아서 얹게 되었는데, 이 탑신의 아래는 2중으로 만들어졌다. 탑신은 문양이 없고 그 위에 큰 8각 옥개가 놓였다. 옥개 표면은 상하 2중으로서 사선(斜線)의 각문이 있고, 지붕마루가 표현되었는데 정상에는 크고 작은 보주가 3중으로 놓였다. 이 8각 소탑 내부에 사리가 봉안되었던 것으로 녹색의 광물(鑛物) 조각이 남아 있다.

장치의 차례로는 이 8각 용기를 원통 안에 안치하고 그 윗면을 둥근 뚜껑으로 밀폐하였던 것이며, 이들을 다시 탑신이 싸서 연화대 위에 봉안하였으므로 사리는 3중을 이루는 장치구 내부에 들어 있었던 것으로 짐작된다. 명문은 원통의 용기 밖의 둘레를 돌아서 세로로 10줄, 23자가 음각되었다(글자 지름 약 1센티미터). 명문 중의 '지대(至大)'는 원(元) 무제의 연호로서 그 3년은 고려 충선왕 2년(1310)이 된다.

이상 안팎의 사리장치구는 8각 탑 모양의 작은 용기와 세장한

계란형의 탑신이 은제이나 그 밖의 부분은 모두 청동의 타제(打製)
이다. 작은 용기의 외부는 전면을 도금하였는데, 아직도 그 흔적이
남아 있다.

이 작품에는 명문이 있어 연대가 확실하여, 이 유품의 연대 추정
에 하나의 기준이 될 수 있겠으며, 이 탑은 그대로 원나라 라마탑
모양을 본뜬 것으로 고려시대에 제작된 것임이 분명하다.

금동 사리탑, 청자호(靑磁壺)
고려, 호암미술관 소장

1958년경 강원도 소재의 석탑에서 발견되었다가 1960년에 서울
로 운반되었다.

금동 사리탑　전체 높이 9센티미터, 아래 지름 5센티미터. 원형을
기본으로 하였고 기단, 탑신, 상륜의 3부가 하나로 주조되었으며
탑의 내부는 비었다. 기단부는 1줄을 두른 원좌 위에 앙복의 중단판
연좌(重單瓣蓮座)가 간주(竿柱) 없이 서로 접하였는데 원좌(圓座)
에는 3:1로 원주(圓珠)가 같은 간격으로 4줄 둘러져 있다. 연좌는
위아래 각 13판인데, 복련단판의 중앙에는 네모난 구멍이 하나씩
있다.

탑신에는 아랫부분에 동심 사권대(同心四圈帶)와 1줄 원주문(圓
珠文)의 대형(臺形)이 달린 위에 반구(半球)에 가까운 복발형(伏鉢
形)이 주체를 이루고 있다. 탑신을 돌아서 길고 짧은 각 3줄의 원주
영락(円珠瓔絡)이 4곳에 번갈아 가며 드리워졌다. 상륜부에 이르러
서는 탑신 위에 노반형이 놓였는데, 그 양식은 두출성형(斗出星形)
임이 주목된다. 노반 위에는 원좌(圓座) 2단이 놓이고, 다시 13줄의
동심원을 두른 원추형의 상륜이 놓였다. 그 위의 6각 보개에는 각마
다 우화(隅花)가 달리고 4곳에 작은 구멍이 뚫려 있는데, 이 작은
구멍은 장식을 하기 위한 것으로 보인다. 가장 꼭대기에는 보주

2단이 있고 그 밑에 각각 원좌를 달았다.

이 금동탑과 같은 시대의 것으로 두출성형 양식을 보이는 탑은 공주 마곡사 5층석탑 정상의 금동상륜이 있고, 지금 경복궁에 옮겨진 경천사 석탑이나 탑골 공원의 원각사 탑의 평면에서도 볼 수 있다.

사리용기 전체 높이 5.2센티미터. 금동탑 안에 장치되었다. 목제 6각의 연화대 위에 6각 원추형의 수정제 뚜껑을 얹은 것으로서 나무로 만든 다리에는 각면에 안상과 앙련이 새겨졌고, 전면에 도금하였다. 수정 뚜껑은 속이 비었는데, 안에서 사리 2알이 검출되었다. 이와 같은 수정제 사리용기의 장치는 남양주군 수종사 고려 부도에서도 발견되었으나 그 형태는 서로 다르다.

청자입사원통형 호(靑磁入絲圓筒形壺) 높이 16센티미터, 입지름 7.2센티미터. 위의 수정 용기를 내장한 금동 사리탑을 넣고 둥근 뚜껑으로 덮게 되었다. 몸 전체에 흑백입사(黑白入絲)로 장식되었는데 그 어깨 부분에 연화문이 있고, 몸통에는 아래에 각각 뇌문(雷文)과 여의두문을 두르고 그 사이를 연주문을 내려뜨려 4부분으로 나누었다. 둥근 뚜껑에는 백입사만을 사용하여 방사선문으로 장식하였다.

이와 같이 청자유개호(靑磁有蓋壺)에 금동 사리탑을 장치한 수법의 예는 용기의 형태는 다르지만 남양주 수종사 부도 발견의 중국 용천요계의 대호(大壺)가 있다.

82쪽 사진 **금강산 이성계 발원 은제 도금 사리구**
고려, 국립중앙박물관 소장
1932년 강원도 회양군 장양면 장연리 금강산 월출봉의 석함 속에서 발견되었다. 사리기는 유리제 사리용기를 내장하는 은제 도금 탑 모양의 사리기와 이 사리기를 안치하는 8각 원당형인 감(外龕)

으로 되어 있다.

은제 도금 탑 모양 사리기 높이 15.5센티미터. 몸체는 은을 두들겨 만들었는데 위가 넓고 밑이 좁아진 라마탑 모양을 하였다. 몸체의 사방에 감(龕)에서와 같이 합장한 여래 입상을 1구씩 새기고 그 사이에는 어깨에 양각된 복련(伏蓮)에서 늘어진 수식이 있다. 정상에는 4층으로 인도탑의 산개 모양 상륜이 꽂혀 있고, 그 위에 연화형의 보주가 있다.

탑신 밑에는 안상이 조각된 8개의 다리가 달리고, 그 위에 2단으로 복련을 양각하였고, 은판으로 만든 단판앙련을 3중으로 붙여서 연화대를 만들었다. 다시 그 위에 은판을 두들겨 만든 2중의 연화좌를 마련하여 중심에 유리제 원통형의 사리용기를 놓았다. 이것을 둘러싸는 것처럼 원통형으로 둥글게 한 명문판이 있는데 여기에는 "奮忠定難 匡復燮理 佐命功臣壁上三韓三重大匡守門下侍中李成桂三韓國大夫人康氏勿其氏"라고 해서로 된 명문이 있다.

8각 원당형 감 높이 19.8센티미터. 감의 밑에는 작은 복련과 앙련을 붙여 돌린 둥근 받침이 있어, 이 위에 8각의 몸체를 받치고 있다. 몸체 하단에는 당초문이 양각되고 8각의 각 모서리에는 기둥 모양이 있으며, 각면에는 두광이 있는 합장한 여래 입상 1구씩을 음각하고 위에서부터 수식이 내려져 있다. 뚜껑은 8각인데 지붕마루와 기왓골은 고려시대 사리기의 특색인 2단으로 되어 있고, 정상에는 연화가 얕게 새겨져 있다.

원통형 명문판과 함께 발견된 청동 바리와 백자 바리에는 '홍무 24년(1391)'이라고 음각되어 있어서 이성계가 임금의 자리에 오르기 전년에 강씨 부인과 함께 발원하여 매납한 것임을 알 수 있다. 강씨 부인은 후에 계비 신덕고황후(神德高皇后)로 서울 성북구 정릉에 묘가 이장되어 있다.

금강산 이성계 발원 은제 도금 사리구 왼쪽부터 은제 도금 탑 모양의 사리기, 8각
원당형인 감, 원통형 명문판과 함께 발견된 청동 바리와 백자 바리. 1932년 금강산
월출봉의 석함 속에서 발견된 사리구로 홍무 24년(1391)에 매납된 것이다. 국립중앙
박물관 소장.

남양주 수종사 부도 사리구
보물 259, 14세기경, 국립중앙박물관 소장

1939년, 수종사에 있는 고려시대의 부도에서 사리구가 발견되었다.

청자유개호(靑磁有蓋壺) 뚜껑을 합한 높이 31.2센티미터, 입지 84쪽 사진
름 2.6센티미터. 그릇의 입 부분이 넓고 몸체는 부풀었으며 광택
있는 청록색 유약을 입혀서 매우 아름답다. 뚜껑은 6장의 꽃잎으로
만든 형태인데 윗면에 연당초문, 내면 중앙에 모란문을 각각 양각하
였고, 위에 작은 꼭지가 있으며 황록색의 유약을 칠하였다. 이 항아
리에는 금동 9층탑, 은제 도금 6각감, 수정제 사리탑, 향목 등이
들어 있었다. 중국 원말, 명초의 용천요(龍泉窯)에서 제작된 것 같다.

금동 9층탑 높이 12.0센티미터. 4다리가 달린 얕은 방형대의 85쪽 사진
각면에는 안상이 보이고 그 위에 2단의 복련 괴임이 있다. 탑신부는
각층이 3칸씩이며 입구를 마련하였다. 초층 탑신에는 뇌문(雷紋)
이 음각된 높은 난간을 둘렀고, 앞면에 3개, 다른 3면에 각 1개씩의
입구를 개설하였다. 탑신은 2층 이상에서는 급격히 낮아졌고 옥개도
초층은 넓은데 그 이상은 줄어들었다. 각층 옥개는 기왓골을 나타내
었고 추녀 끝 네 귀에 모두 풍령(風鈴)을 달았으며 상륜부에는 앙화
(仰花)가 남아 있다. 금색이 아직도 찬연하며 보존 상태가 좋다.

은제 도금 6각감(銀製鍍金六角龕) 높이 17.3센티미터. 6각 기둥 84쪽 사진
의 각면은 연당초문과 칠보문(七寶文)을 번갈아 투각하였다. 옥개
정상에는 앙련(仰蓮) 위에 보주(寶珠)를 얹었으며 기왓골을 나타냈
는데 4단의 층이 되게 하였다. 둘레에 앙복련판을 타출(打出)하였으
며 그 중앙에는 5륜탑 모양의 수정제 사리탑을 안치하고, 그 안에
사리를 봉안하였다.

이 밖에 이 절의 조선시대 유물인 8각 5층석탑에서는 금동 여래
좌상을 비롯하여 많은 목불상이 건국 후 두 차례에 걸쳐 발견되어
국립중앙박물관에 소장되어 있다.

수종사 부도 사리구 1939년, 수종사에 있는 고려시대 부도 안에서 발견되었다. 중국 용천요에서 제작된 것으로 보이는 청자유개호 안에 금동 9층탑, 은제 도금 6각감, 수정제 사리탑, 향목 등이 들어 있었다. 왼쪽 위는 청자유개호, 왼쪽 아래는 은제 도금 6각감, 오른쪽은 금동 9층탑이다. 국립중앙박물관 소장.

지치 3년명 금동 8각형 사리기
고려, 일본 경도 정소문 소장

전체 높이 6.5센티미터, 지름 6.5센티미터. 꽃잎 3장이 없어졌으나 8잎 꽃받침의 연봉오리 모양 꼭지의 뚜껑을 가진 8각합으로 전면이 어자문 바탕에 당초문이 선각되었다. 이와 같은 형의 8각형 사리기는 고려시대의 사리기에서 볼 수 있는 것으로 남아 있는 유품 중 도금이 아름다운 우수품에 속한다. 내부에 유리제 사리병(호)이 들어 있었을 것이나 잃어버린 것으로 생각된다.

밑면 뒤쪽에 "지치 3년 10월 일(至治三年十月日) 덕산시주조(德山施主造)"라는 명문이 있어, 연대가 확실한 소중한 자료가 된다. 지치 3년은 고려 충숙왕 10년으로 1323년이다.

금동 8각 부도형 사리기
고려 중기, 일본 나라(奈良) 개인 소장

전체 높이 15센티미터. 표주박 모양의 상륜을 한 2층 옥개의 8각 부도형이다. 사리용기는 16판의 연화좌 위에 안치되었던 것으로 짐작되나 천판(天板) 위에 대좌로 쓰여졌던 것으로 보이는 못구멍이 남아 있을 뿐 사리용기는 없어졌다. 2중 옥개를 한 8각 부도형 사리기는 고려시대에만 그 형태가 나타나고 있다. 이 유품은 선각된 불상의 수법 등으로 미루어 고려 중기의 작품으로 추정된다.

금동 8각 사리기
고려, 재일본

전체 높이 9.5센티미터, 지름 10.8센티미터. 꽃봉오리 모양 꼭지의 뚜껑을 한 8각 동판제 용기로 전면에는 어자문 바탕에 큼직한 당초문을 선각으로 나타냈고 푸른 녹이 덮여 있는데 곳곳에 도금 흔적이 남아 있다. 특히 주목되는 것은 내부 아래판에 장치된 사리용기의 안치를 위한 연화형 대좌이다. 연꽃 하나하나에 이르기까지 세밀한 느낌이 드는데 이 연화좌 위에 사리용기가 안치되었던 것으로 짐작된다.

금호형·은호형 사리기
고려, 재일본
남한의 탑에서 발견되었다고만 전해진다.

금용기　전체 높이 1.4센티미터, 몸체의 가장 긴 지름 1.4센티미터. 금용기는 은제의 외용기 속에 있었는데, 우리나라 석탑에서 발견된 여러 사리기의 예로 미루어보면, 다시 동제의 외용기를 갖추거나, 작은 부도형 사리기 안에 넣었던 것으로 짐작된다.

은용기　전체 높이 3.3센티미터, 몸체의 가장 긴 지름 3.0센티미터. 은제 외용기의 뚜껑 위에 "정강임자(靖康壬子)"의 침서명(針書銘)이 있는데, 간지는 정강의 연호와 일치되지 않는다. 정강은 중국 송 흠종대의 연호로 1126~1127년에 해당된다. 때마침 중국에서는 난리중이기도 하여 고려에서 '정강' 연호가 계속 사용되었다고 한다면 임자는 고려 인종 10년(1132)이 된다.

금, 은호형 사리용기는 모두 두들겨 늘려서 만들어졌는데 상하 16잎으로 된 꽃봉오리 모양의 꼭지와 함께 어느 것이나 세밀한 느낌이 든다. 국내에서는 아직까지 이러한 특징을 지닌 유사한 형태의 용기가 발견된 예는 없다.

보스턴 미술관 고려 사리구
고려, 미국 보스턴 미술관 소장
일제 때 불법으로 일본인들에 의하여 암매매되어 1939년 미국 보스턴 미술관에 수장된 것이다.

사리보탑(舍利寶塔)　높이 22.5센티미터, 지름 약 12센티미터.

은제 도금의 공예 소탑인데 라마탑의 형태를 하고 있다. 탑신과 연화대좌의 2부분으로 되었고, 원구형의 탑신 정상부에는 9륜과 보개, 보주를 갖추고, 탑신 어깨부와 상륜부는 도금하였다. 이들 몸체 전체에 연화와 영락의 무늬를 둘러서 꾸몄다.

대좌는 안상된 다리부 위에 위아래 2줄로 연화문을 두르고, 다시 그 위에 겹쳐진 앙련판으로 장식하였다. 탑신 내부는 비었으며 각부의 구조는 나중에 용접하였고, 문양은 두들겨서 양각하거나 줄로써 음각하였다.

8각 원당형 사리 소탑 5기　보탑 내부에 안치되었는데(높이 약 5센티미터) 여래 3위와 고승 2인의 사리를 봉안하였음을 이 탑신의 명문으로 알 수 있으며 명문의 내용과 발견 당시의 현상은 다음과 같다.

　　정광여래 사리:5매. 녹색 작은 조각이 있을 뿐 사리는 없었음.
　　가섭여래 사리:2매. 녹색 작은 조각이 있을 뿐 사리는 없었음.
　　석가여래 사리:5매. 녹색 먼지 덮인 투명한 흰 옥석 1알 있음.
　　지공조사 사리:5매. 녹색 먼지 덮인 투명한 흰 옥석 1알 있음.
　　나옹조사 사리:5매. 흑색 작은 구슬 2알이 있었음.

석가여래, 지공조사, 나옹조사의 탑에서는 탑 안에 사리가 봉안되어 있었으나 탑명에 있는 사리 수와 실제로 검출된 수가 서로 다른데 이것은 이 사리구가 미술관에 보관되기 전에 그 일부가 불법자들에 의해 탈취된 때문인 것으로 추측된다.

지공(指空)은 인도승으로서 고려 임금의 초청으로(1326년) 개경에 머물렀던 적이 있었다. 그는 중국에 돌아갔다가 1363년 입적하였는데, 그의 사리 일부가 1370년 고려에 오니 공민왕명으로 양주회암사에 안치하였던 것이다.

아산 읍내리 석탑 사리구
고려, 국립중앙박물관 소장

1920년 충남 아산군 신창면 읍내리의 석탑을 옮길 때 탑 안에서 석가여래 입상 일조(一組)와 유리제 작은 병의 조각이 약간 발견되었다.

불상 대를 합한 높이 8.65센티미터. 은제이며 신라 불상의 양식을 잘 갖추었고 머리와 얼굴이 조금 만환(漫漶)되었으나 전체의 자세는 균형이 잘 잡혔으며 부드럽고 온화하다. 얼굴의 모습은 우아, 미려하고 옷주름 또한 조각 솜씨가 우수한 대좌(台座)와 함께 시대의 특색을 잘 나타내었다.

원통(圓筒) 원지름 8.3센티미터. 서로 떨어지는 같은 크기의 통 2개를 겹치고 아래위에 뚜껑과 밑면을 만든 것으로 위 가장자리의 일부는 파손 결실되었다. 발견 당시의 상태는 알 수 없지만 불상과 작은 병은 이 합 안에 장치되었을 것으로 짐작된다.

조선시대

91쪽 사진 **함양 승안사지 3층석탑 사리구**
1494(조선), 국립경주박물관 소장
1962년 1월에 이 고려초기의 석탑을 서남쪽 약 15미터 지점으로 옮길 때 제1탑신 원형 사리공(지름 12센티미터, 깊이 16센티미터) 안에서 발견되었다.
청동제 뚜껑 있는 합 원지름 9센티미터, 높이 10센티미터. 향편이 분말로 되어 한 주먹 가량 들어 있고, 유리제 소사리병, 유리 연주, 가락지, 은 조각 등이 들어 있었다.
92쪽 사진 **비취색 유리제 소사리병 1** 뚜껑까지의 높이는 4.7센티미터이고, 흰빛의 사리 1알이 들어 있었다.
묵서 명문1 "홍치 7…"이라는 기년명과 시주자 등의 사람 이름이 다수 쓰여 있다.
묵서 명문2 한지 1장에 작은 글씨의 묵서로 "무구정광…"이 기록되어 있다.
가락지 7개 은제 1개는 회색으로 완전한 형태로 남아 있고 6개는 백동제이다.

기타 유리 연주 등이 있다. 유물 중 한지에 나타난 홍치(弘治) 7년은 명 효종 7년으로 조선 성종 25년(1494)에 해당되며, 석탑을 중수할 때 신도들이 위의 유물들을 장치한 것으로 보인다. 그러나 이 가운데 유리제 소사리병을 비롯한 아래의 사리구는 조선시대 것으로 볼 수 없다.

사리구 왼쪽부터 청동제 뚜껑 있는 합, 비취색 유리제 소사리병, 유리 연주, 가락지 7개이다. 이들은 고려시대 석탑을 중수할 때 신도들이 장치한 것으로 보인다.

비취색 유리제 소사리병 뚜껑까지의 높이는 4.7센티미터이고, 흰빛의 사리 1알이
들어 있었다. 국립경주박물관 소장.

보은 법주사 팔상전(5층목탑) 사리구
93, 94쪽 사진
1605년(조선), 동국대학교 박물관 소장

1968년 9월에 탑을 해체 수리할 때 탑 심초석의 방형 사리공 속에서 사리장치가 발견되었다.

동제 지판 가로 21.2센티미터, 세로 15센티미터. 동판 5장은 사리공 안의 네 벽과 천개 구실을 하는 것이었는데 각 장마다 내외면에 명문이 점각(點刻)되어 오히려 탑지(塔誌)로서의 의의를 지닌다. 동, 서, 남 각 판의 내외면과 북판 외면 및 천개 내면에 명문이 새겨져 있다. 남판 내면에 "만력 24년(사실은 25년) 정유 9월(선조 30년, 1597)에 왜병들이 불태운 후 을사년(선조 38, 1605)에 유정 비구(사명대사) 등이 관여하여 입주(立柱)하였다"라는 내용이 새겨져 있다. 이 사리구는 사리공 밑에 뚜껑이 열린 채로 놓여 있었다.

법주사 팔상전 사리구 5장의 동제 지판 가운데 일부와 사리기이다. 이 지판의 명문은 점각되었다. 동국대학교 박물관 소장.

법주사 팔상전 사리호 얇은 은 바탕에 도금한 사리호는 마개에 호박을 박아 넣었다.
이 사리호는 다시 금동 연화 타출문 환형 받침 위에 안치되었다. 동국대학교 박물관
소장.(위, 아래)

은제 도금 사리호 높이 4센티미터. 얇은 은바탕으로 되었으며 몸에는 사화(四花) 연속문과 연당초문 및 권점대(圈點帶)로 장식하고 호(壺)의 굽둘레에는 연판문을 타출문으로 둘렀다. 마개는 호박(琥珀)을 박아 넣은 팔화형(八花形)이다.

금동 연화 타출문 환형 받침 지름 7.5센티미터. 얇은 청동판에 타출문(打出文)으로 연당초문을 장식하였는데, 도금색이 많이 남아 있으며 이 위에 은호(銀壺)를 안치하였다.

이들 사리구는 종래 있던 사리구에 새로이 넣은 것이다. 신라 황룡사 목조 9층탑 이래의 전통을 이어 장치되었을 뿐만 아니라 현존하는 유일한 목탑의 사리구라는 면에서도 소중한 자료이다.

장흥 보림사 양탑 사리구
신라, 조선, 장흥군청 보관

1933년 겨울 도굴배들의 도굴 미수 사건이 있은 다음해인 1934년 가을, 탑을 보수할 때 초층 옥신석 상면 중앙에서 사리구가 발견되었다. 탑지석이 동탑, 서탑에서 각기 1매씩 발견되어 양 석탑의 건립이 870년(경문왕 10)임을 알 수 있다.

동탑지 가로 9~9.1센티미터, 세로 7센티미터, 두께 1.6~2.5센티미터. 납석제 직사각형이며 바둑판 무늬를 얕게 음각하였다. 해서로 함통(咸通)이라는 신라 창건 때의 명문이 음각되고, 4옆면에도 숭정(崇禎)이라는 조선시대에 중건될 당시 명문이 음각되었다.

서탑지 가로 9.3~9.4센티미터, 세로 8.1~8.2센티미터, 두께 9.1~9.2센티미터. 납석제의 직사각형이며 두께가 두꺼운 입방체 탑지이다. 4옆면에 3칸씩 행간을 얕게 음각하고 해서(楷書)로 "조탑시 함통 11년(造塔時咸通十一年)"의 신라시대 창건 때 연호가 음각되었다. 윗면에는 행간 없이 성화 14년(成化十四年)명의 조선대 중수기를, 아랫면에도 행간 없이 대시주(大施主)명을 해서로 음각하였다.

청동합 3점 대형인 청동합은 서탑에서, 중형인 청동합은 동탑에서 발견되었으나 소형 합은 어느 탑에서 발견된 것인지 발견된 탑에 대하여 전해지지 않고 있다.

▨ 동탑 발견 청동합:높이 4.1센티미터, 지름 10.2센티미터, 뚜껑 높이 3.9센티미터, 두께 1밀리미터. 중형의 그릇이며 동심원의 마선(磨線)이 있다. 뚜껑 표면의 아래 가장자리와 그릇 표면 아래 가장자리에 점선으로 "嘉靖十四年乙未 四月日立塔重修記化主義根"이라고 기록하고 있다.

▨ 서탑 발견 청동합:높이 5.2센티미터, 지름 11.7센티미터, 뚜껑 높이 2.9센티미터, 두께 1.5밀리미터. 대형 그릇이며 표면의 중하부에만 한 줄로 "嘉靖十四年乙未五月日立塔施主僉□□□□□化主義根"이라는 점선 명문이 있다.

▨ 소형 청동합:그릇 높이 2.7센티미터, 지름 5.8센티미터, 두께 1밀리미터, 뚜껑 높이 1.8센티미터. 명문은 없고, 발견된 탑도 알 수 없다. 아랫면에는 넓은 굽이 있고, 높이에 비하여 그릇이 넓어서 향합과도 같은 느낌이 든다. 푸른 녹이 표면에 많이 보이고, 제작 연대는 위의 두 청동합과 같은 것으로 생각된다.

납석제 사리호 뚜껑을 합한 높이 3센티미터, 호의 높이 2.3센티미터, 뚜껑 높이 1센티미터, 너비 2.8센티미터. 호(壺)의 아랫면에 "寶林寺玉石造小舍利盒壹個成化十四年戊戌午月廿六日寶林寺秘藏國寶第五號"라는 묵기(墨記)가 있다.

형태나 조성 양식으로 미루어 신라시대 작품인 사리호로 보인다. 탑지와 사리장엄구의 명문으로 탑을 건립한 후 신라시대인 진성왕 5년(870)과 조선시대인 1478, 1535, 1684년의 3차례 그리고 일정시대인 1934년에 해체 수리한 것이 밝혀졌다.

그리고 유품 중 탑지석 2매와 납석제 사리호가 신라시대 초창기의 봉안품이고, 나머지는 모두 조선대 유물인데, 탑지만은 초창기의 것에 개수 때 연, 월, 시주명 등을 후각(後刻)하였음을 알 수 있다. 종래에는 두 탑을 남탑, 북탑으로 호칭하였으나 이곳 기록이 동탑, 서탑으로 되어 어느 것을 지칭하는지 분명치 않다. 본 사리구는 일정 때 발견된 이래 아무런 조사 검토 없이 1974년 4월, 우리 손으로 조사될 때까지 장흥 군청에 그대로 보관되어 있었다.

정선 정암사 수마노탑 사리구
조선, 정암사 소장

1972년 7층 모전석탑을 해체 복원할 때 탑 안에서 사리구가 발견되었다.

탑지석　5매가 탑신부에서 발견되었다. 회흑색의 점판암(粘板岩)이며 서체는 해서체이다.

제1석:가로 15.8센티미터, 세로 35센티미터, 두께 4센티미터. 직사각형으로 3층 기단에서 발견되었다. 명문은 앞면, 옆면, 뒷면의 3면에 음각되었다. 앞면에 "康熙五十八年己亥六月日完役"이라고 했는데, 이 때는 조선 숙종 45년(1719)에 해당된다.

이 밖에 제2석(영조 49년, 1773), 제3석 (대청동치 13년, 고종 11년, 1874), 제4석(효종 4년, 1653), 제5석(동치 13년 갑술, 고종 11년, 1874)이 있다.

사리장치는 기단부의 제일 아랫단 밑의 적심부(積心部)에서 석함 2개가 발견되었다. 대형 석함 바로 밑에 1장의 큰 판석을 놓고, 그 중심의 원공 안에 청동합 1개가 장치되었다.

대형 석함　함 높이 27.5센티미터, 뚜껑 높이 2.5센티미터. 석질은 탑재와 같은 수성암류이다. 이 안에 은제 외합, 금제 내합이 들어 있었다.

은제 외합:지름 18.5센티미터, 높이 9센티미터. 그릇과 뚜껑을

각 1장의 은판으로 만들었다. 뚜껑의 표면은 많은 문양으로 장식하였는데, 중앙의 큰 원좌 안에 범자(梵字)가 있고 그 둘레에 작은 원좌(円座)를 8개 마련하고 그 안에도 범자 1자씩을 넣었다. 그릇에는 표면에 2중의 선각으로 8앙련좌를 둘렀다.

  ☸ 금제 내합:지름 16센티미터, 높이 8.2센티미터. 은제 외합 속에 들어 있었다. 그릇과 뚜껑을 각 1장의 금판으로 만들었다. 뚜껑 표면의 문양은, 중심에는 원좌 안에 범자가 있고, 이보다 작은 원좌 안에 범자가 둘레의 사방에 있다. 그릇의 몸체는 아무런 장식도 없다. 연대는 동치 13년(고종 11, 1874)으로 볼 수 있겠고 이들 내외합은 두들겨서 만들었다.

  작은 석함 평면은 방형이고, 수성암류의 회녹색이다. 3석으로 짜여졌고, 청동합을 안치하는 대석(台石)이 있어 관통된 내공(內孔) 위에 놓였다. 석함에는 청동합을 안치하고 이 합 안에 작은 사리호와 은제 호가 들어 있다.

  ☸ 청동합:주조된 용기로 보인다. 밑의 굽이 높고 사발형이며 뚜껑이 크다. 뚜껑 정상에는 보주형의 손잡이 꼭지가 달려 있다.

  ☸ 은제 호:뚜껑이 용기와 거의 같은 형태이다. 뚜껑은 윗면이 평평하며 중심부에 자방(子房)을 8주(珠) 놓고 주변에 6잎의 꽃잎을 둘렀다. 옆면에도 타선문(打線文)으로 8잎의 복련을 장식하였다. 용기는 굽이 있는 항아리형인데 표면의 하단에 같은 형식의 타선문(打線紋)으로 8잎의 앙련을 장식하였다.

  ☸ 금제 호:바닥면에 얕은 굽이 있다. 윗면에 타선문으로 단엽 7판의 연화문이 장식되고 그 중심에 원형돌기로 손잡이 꼭지가 있고, 뚜껑 둘레에는 연주문이 둘러졌다. 용기 표면 아래에 9판의 앙련이 있다. 구연부 밑에 선각한 명문이 세로로 8줄 있다. 이 사리호 속에 원래는 사리가 들어 있었을 것이나 지금은 없다.

  ☸ 청동합:전체 높이 14.3센티미터, 뚜껑 지름 8.6센티미터. 사리

공에 들어 있었고, 표면이 2단형으로 되었고 내외함에는 아무런
장식도 없다.

🔹 청동 도장: 가로 6센티미터, 세로 6.5센티미터, 두께 0.3센티미
터. 손잡이가 달려 있고 "淨巖禪院 年記"라고 2줄의 전서(篆書)로
좌서(左書)하였는데 정암사에서 쓰여졌던 것으로 보인다.

이들 유물은 모두 정암사의 희망에 따라 1972년 11월 18일 원형
대로 다시 봉안하여 이 내용물들을 볼 수 없게 되었다.

조선시대 사리장엄구의 발견은 극히 적은데 이토록 많은 유물을
볼 수 있어 조선시대 사리장치 연구에 귀중한 자료가 된다.

용어해설

작선(作善) 선(善)을 위하여 행하는 모든 행위 곧 불상, 불당(佛堂), 탑(塔)을 세우고 경전(經典)을 외는 일.

범어(梵語, Sanskrit) 고대 인도의 문장어(文章語). 불교 용어에서 많이 볼 수 있음.

사라쌍수(沙羅雙樹, Sala) 석가가 사라수 숲에서 열반에 들 때, 그 사방에 서 있던 한 쌍의 나무, 입멸한 뒤에 모두 하얗게 말랐다고 함.

열반(涅槃, Nirvāna) 승(僧)이 ① 죽음, ② 도(道)를 이루어 모든 번뇌와 고통이 끊어진 경지.

계단(戒壇) 승(僧)에게 계(戒)를 닦게 하려고 흙과 돌로 쌓은 단. 통도사 계단이 유명함.

가사(袈裟, Kasaya) 부처님을 비롯하여 스님들이 입는 옷. 장삼 위에 왼쪽 어깨에서 오른쪽 겨드랑 밑으로 걸쳐 입음.

형지기(形止記) 사실(事實)의 전말을 쓴 기록.

수미단(須彌壇) 불당(佛堂) 안에 불상(佛像)을 안치하기 위하여 단을 한 층 높게 한 곳을 말함. 불교의 상상적인 영산(靈山)인 수미산(須彌山)을 본뜬 것임.

보주(寶珠) ① 위가 뾰족하고 좌우 양쪽과 위에서 불길이 타오르고 있는 형상으로 된 구슬 ② 탑이나 석등(石燈) 따위의 맨 꼭대기에 있는 공 모양의 부분.

금강저(金剛杵, Vajra) 원래 인도에서는 무기였으며 부처님을 수호하는 금강역사가 보통 이것을 들고 있다. 그 뒤 사천왕, 팔부중 같은 불교 호법신(護法神)들도 이 무기를 지니는 경우가 많다. 적을 쳐서 없애는 무기의 위력을 가지고 있어 마군(魔軍)을 없애 주는 법구(法具)로 인식되었다.

안상(眼象) 기물(器物)의 대(台)나 다리, 건축, 조각 등에 쓰이는 장식의 일종. 상부가 몇 개의 곡선으로 되었고, 하부가 주발 모양으로 되었으며, 수평재(水平材)와 수직재(垂直材)의 이음을 견고히 하기 위하여 수직재의 아래위의 폭을 넓게 하여 복잡한 곡선으로서 윤곽을 만들었다.

영락(瓔珞) 보석이나 귀금속을 실로 낀 장신구. 인도의 귀족이 사용하였는데, 불상에서는 보살상에 많이 쓰여지고, 또 천개(天蓋)나 대좌(台座) 등에도 쓰여진다.

당초문(唐草紋) 무늬의 이름. 덩굴풀이 서로 엉켜서 뻗어 나가는 모양을 그린 무늬.

다비(茶毘, Jhāpita) 불에 태운다는 뜻으로 시체를 화장하는 것.

결가부좌(結跏趺坐) 불상(佛像)의 좌법(坐法). 오른발을 왼쪽 넓적다리 위에 놓고, 왼발을 오른쪽 넓적다리 위에 놓고 앉음. 오른발이 앞에 나오는 것을 길상좌(吉祥坐)라고 하며, 왼발이 앞에 나오는 것은 항마좌(降魔坐)라고 한다.

호로병(葫蘆瓶) 호리병박같이 만든 병. 흔히 술이나 약을 휴대하는 데에 쓰임.

어자문(魚子紋) 물고기의 알과 같이 생긴 둥근 문양.

쌍구체(雙鉤體) 돌 따위에 글자를 새길 때에 글자의 획 가장자리를 돌려 가며 줄을 가늘게 그어서 표하는 방식으로 된 글씨체.

신광(身光) 부처나 보살의 몸에서 내비치는 빛.

나발(螺髮) 나선형으로 오른쪽으로 돌아 올라가게 한 부처님의 머리칼.

육계(肉髻) 부처님의 정수리에 상투처럼 돌기한 살의 혹.

법의(法衣) 승려의 옷. 곧 가사, 장삼 같은 것.

통견(通肩) 양쪽 어깨를 모두 덮어서 옷을 입은 방식.

의습(衣褶) 옷주름

광배(光背, Cakra) 회화나 조각에서 불상, 예수, 신성한 존재자 등의 배후에 둥글게 광명을 나타내는 것. 두부(頭部)의 것은 원광(圓光), 동신(胴身)의 것은 신광(身光), 전신(全身)의 것은 거신광(擧身光)이라 함.

팔부중(八部衆) 인도 재래의 여덟 신들을 불교가 습합하여 불법을 수호하는 호법(護法)의 선신(善神)으로 삼은 것. 그러므로 신의 이름도 일정하지 않고, 모습도 정형화되지 않고 있다. 우리나라의 팔부중은 대개 무장 모습이 많고, 손에 들고 있는 물건이나 자세도 갖가지다.

보상화문(寶相華紋) 당대(唐代)에 고안된 호화로운 꽃문양. 당초(唐草)무늬의 주제로 사용된 가상적 5꽃잎. 불교에서 쓰이는 이상향의 꽃.

사적기(事蹟記) 사건의 자취에 대한 기록.

동자주(童子柱) 동자 기둥. 들보 위에 세우는 짧은 기둥.

사천왕(四天王) 세상을 수호하는 수호신인데 불교화되면서 동서남북의 사방과 불법(佛法)을 수호하는 호법신이 되었다. 동쪽은 지국천(持國天), 남쪽 증장천(增長天), 서쪽 광목천(廣目天), 북쪽 다문천(多聞天)이다.

사모집 지붕을 네모나게 지은 집.

산개(傘蓋) 인도탑에서 우산과 같은 모양을 한 탑 꼭대기의 부분.

의장(意匠) 물품에 외관상의 미감을 주기 위하여 그 형상, 맵시, 색채 또는 그들의 결합 등을 연구하여 거기에 응용한 특수 고안.

석종형 부도(石鐘形浮屠) 종 모양으로 된 부도로 주로 조선시대에 성행된 승려의 묘탑이다.

보살(菩薩) 불도(佛道)를 닦아 보리(菩提)를 구하고 아울러 뭇 중생을 교화하여 부처 다음 가는 지위에 있는 성인(聖人)을 일컬음. 대승불교의 특징을 상징하는 대표적 존재이다. 부처님처럼 깨달았지만 중생 구제에 전념하기 위해 부처가 되기를 거부한 보살의 자세는 대승불교의 이상이기도 하다.

귀꽃 석탑 등의 귀마루 끝에 새긴 초화형(草花形)의 장식.

노반(露盤) 탑의 상륜부(相輪部)에서 복발(覆鉢)을 받고 있는 부분.

지본묵서(紙本墨書) 종이로 된 바탕에 먹으로 쓴 글씨.

진언(眞言) 불보살(佛, 菩薩)의 서원(誓願), 교(敎)의 깊은 뜻이 간직되어 있는 비구(秘句). 긴 장구(章句)는 다라니라고 함.

우진각지붕 네 귀의 추녀 마루가 용마루에 몰려 붙은 지붕.

호분(胡粉) 주로 조개껍질을 구워서 만든 백분(白粉). 안료(顏料)로 씀.

인롱(印籠) 도장을 넣은 궤.

금강경(金剛經) 금강반야바라밀경(金剛般若婆羅蜜經). 대승(大乘)의 반야의 경지에서 개공무상(皆空無相)을 설한 불경.

사방불(四方佛) 동서남북의 사방에 봉안하고 있는 방위불(方位佛). 사방 어디에나 불국토(佛國土)의 이상 사회가 있다는 것으로 이러한 불국토를 염원하고자 만든 사방 불상은 당대의 대승적인 신앙 경향을 알려 주고 있다.

무구정광대다라니경(無垢浄光大陀羅尼經) 서역의 도화라(都化羅, Tokhāra) 사람인 미타산(彌陀山)이 690～704년 사이에 당(唐)에서 번역한 불경이다. 겁비라전다(劫比羅戰茶)라고 하는 대바라문(大婆羅門)을 위해 설(說)해진 경전이다. 곧 장수, 멸죄, 광명의 뜻으로 설해졌는데 우리나라에 들어와 신라시대에 불탑 조성(佛塔造成)의 중심 경전이 되었다. "무구정다라니(無垢浄陀羅尼)를 봉안한 탑이 있는 곳은 모든 나쁜 귀신이나 나쁜 짐승, 재변(災變)이 없고, 항상 모든 하늘의 신장(神將)들이 그 나라를 수호하여 투쟁하는 일이 없다"라고 하였다.

뇌문(雷文)　번개처럼 굴절(屈折)된 선(線)으로 만든 일종의 무늬.

정병(淨瓶)　범어로 Kundika라고 하며, 소리나는 대로 적어 군지(軍持)라 쓰고, 뜻으로 번역하여 물병이라 한다. 물 가운데 가장 깨끗한 물(淨水)을 넣는다는 뜻에서 정병(淨瓶)이라고 한다. 관음보살, 미륵보살, 제석천 등이 이런 병들을 들고 있으며 병의 재료로는 구리와 도자기가 특히 애용되었다.

갑의(甲衣)　갑옷은 사천왕, 팔부중 같은 신장상들이 입는 옷으로 인도에서는 갑옷을 입지 않았지만, 서역을 지나 중국, 한반도로 넘어오면서 신장들은 어느덧 장군(武將)으로 변하게 되어 옷도 갑옷을 입게 되었다.

불감(佛龕)　집(堂)의 축소형인데, 보각(寶閣), 주자(廚子)와도 비슷한 것. 안에 불상을 봉안하기 위한 것인데, 작은 것은 이동하기 쉽도록 닫으면 동그랗게 되는 것도 있고, 집 모양으로 되는 것도 있다. 재료로는 동이나 나무가 많이 쓰였고, 조선시대에는 나무로 된 불감이 많다.

천개(天蓋)　법당의 본존불(本尊佛) 머리 위의 천장에 장엄을 위해서 꾸민 것. 모양은 4각, 6각, 8각 등 여러 가지인데 구름이 피는 듯하게 나무를 중첩하여 지붕 모양을 이루고, 각 모서리에는 번(幡)을 내려뜨렸으며, 영락을 달고 장막이나 보망(寶網)을 치며, 갖가지 무늬를 채색하는 등 화려하게 꾸미는 것이 조선시대의 일반적인 천개 모양이다.

정창원(正倉院, 쇼소오인)　정창(正倉)이란 일본(奈良) 나라시대(645~794년)의 국가 기관이나 여러 큰 절에 있었던 창(倉)으로,

그 일곽(一廓)을 정창원(正倉院)이라 하지만, 현존하는 것은 동대사(東大寺)의 정창원만이 남아 있으므로 고유 명사같이 불려진다. 여러 물품이 수장되어 있는데 그 내용이 매우 풍부하며, 불구(佛具), 문방구, 악기, 유희구, 무기, 음식구, 복식구, 고문서 등이다. 쇼우무(聖武) 천황의 소유물이거나 부처를 위한 봉헌식에 사용되었던 것으로 중국 당(唐) 양식 전성기에 만들어진 중국 제품이나 일본에서 만들어진 걸작품들이 많이 보존되어 있다.

삼존불(三尊佛) 주불을 중심으로 하여 협시보살 2구를 좌우에 거느린 한 조(一組)의 상을 말함.

묘지(墓誌) 묘(墓) 속의 글을 묘지라고 하며 글과 장소의 형식을 따지지 않는다면, 어느 시대, 어느 나라에서나 있을 수 있겠다. 그러나 보통 말하는 돌에 새긴 묘지는 중국의 후한(後漢)시대에 유행한 것인데 죽은 사람(死者)의 경력을 쓰고 그 덕을 기린다.

장엄(莊嚴, Vyūha) 불교에서는 일반적으로 당탑(堂塔)이나 불보살을 장식하는 것을 '장엄'이라 한다.

시무외(施無畏) 불상 수인의 일종. 손의 모습이 다섯 손가락을 가지런히 위로 뻗치고 손바닥을 밖으로 하여 어깨 높이까지 올린 형태. 우환과 고난을 해소시키는 대자의 덕을 보이는 인(印)이다.

여원인(與願印) 불상 수인의 일종. 여인이라고도 하며, 손의 모습은 손바닥을 밖으로 하고 다섯 손가락을 펴서 밑을 향하고 손 전체를 늘어뜨린 형태로 시무외인의 반대임.

비(扉) 사리문 안팎으로 열리는 문짝.

다라니(陀羅尼, Dharani) 선법을 갖추어 악법(惡法)을 막는다는 뜻 ① 범문(梵文)으로 된 긴 구(句)를 번역하지 않고, 그대로 독송하는 일. 일자일구(一字一句)에 무변(無邊)의 의미를 품고 진언(眞言), 밀어(密語)로서 이를 독송하면 장해를 제거하여 각종 공덕(公德)을 받는다고 함. ② 주문(呪文)을 외어 재액(災厄)을 제거하는 일.

짧은 장구(章句)를 진언(眞言)이라 함.

투조(透彫) 조각법의 하나로 나무와 금속 따위를 문양 부분만 도려내어 도안을 나타내는 법.

금니(金泥) 금(金)의 분말을 아교로 녹여서 안료로 한 것.

사경(寫經) 공양(供養)하기 위하여 경문(經文)을 서사(書寫)하는 일, 또는 필사(筆寫)된 불전(佛典)을 말한다.

상호(相好) 부처(佛)의 얼굴 생김새. 표정.

대좌(臺坐) 불상을 안치하는 대(臺). 연화좌(蓮花座)가 가장 많다.

명문(銘文) 불상, 불화(佛畵), 기물(器物) 등에 기록한 글. 발원자, 조상의 유래(造像由來), 연기(年紀) 등을 적는 경우가 많다.

처마 지붕이 도리 밖으로 내민 부분.

추녀 처마 네 귀의 기둥 위에 번쩍 들린 서까래 부분의 처마.

함(函) 통이나 상자.

합(盒) 운두가 그리 높지 않고 둥글넓적한 뚜껑이 있는 그릇.

굽 그릇의 받침.

금박(金箔) 금을 두들겨서 얇게 한 것. 불상, 불화 등에 널리 쓰임.

저지(楮紙) 닥나무로 만든 한지(韓紙).

구옥(句玉) 곡옥(曲玉)

납석(蠟石) 곱돌

외연(外緣) 겉둘레, 가장자리

전(栓) 나무 못, 마개(보기 ; 水道栓)

병(柄) 자루 병

뉴(鈕) 맺을 뉴(보기 ; 鈕座)

완(盌) 주발 완

완(椀) 주발 완

완(碗) 그릇 완
완(埦) 작은 술잔 완
거(莒) 둥근 광주리 거
배(杯) 술잔 배
배(盃) 술잔 배
원(鋺) 저울바탕 원
호(壺) 병 호;단지, 항아리
과(顆) 알과 사리를 헤아릴 때 사용.
탁(鐸) 요령 탁(보기;風鐸)
강(釭) 등잔 강
천(釧) 팔찌 천
협(鋏) 칼 협;가위
협(篋) 상자 협
부(斧) 도끼 부
섭(鑷) 족집게 섭
범(範) 법 범(보기;塼範)
계(笄) 비녀 계
수(銖) 푼 수(보기;常平五銖)
뢰(蕾) 꽃망울 뢰
판(瓣) 외씨 판(보기;蓮瓣)
항(缸) 항아리 항
삭극(矟戟) 긴창 삭, 갈래진창 극
주유(侏儒) 난장이 주, 선비 유;난장이
추(槌) 칠 추
갑주(甲胄) 갑옷과 투구
갑(匣) 궤 갑
우(隅) 모퉁이 우

빛깔있는 책들 103-9

사리구

| 글 | —김희경 |
| 사진 | —손재식 |

| 발행인 | —장세우 |
| 발행처 | —주식회사 대원사 |

주간	—박찬중
편집	—김한주, 조은정
미술	—김은하, 최윤정, 한진
전산사식	—김정숙, 육세림, 이규헌

| 첫판 1쇄 | —1989년 11월 30일 발행 |
| 첫판 5쇄 | —2006년 4월 30일 발행 |

주식회사 대원사
우편번호/140-901
서울 용산구 후암동 358-17
전화번호/(02) 757-6717~9
팩시밀리/(02) 775-8043
등록번호/제 3-191호
http://www.daewonsa.co.kr

이 책에 실린 글과 그림은, 글로 적힌
저자와 주식회사 대원사의 동의가 없
이는 아무도 이용하실 수 없습니다.

잘못된 책은 책방에서 바꿔 드립니다.

 값 13,000원

Daewonsa Publishing Co., Ltd.
Printed in Korea(1989)

ISBN 89-369-0048-X 00220

빛깔있는 책들

민속(분류번호 : 101)

고미술(분류번호 : 102)

불교 문화(분류번호 : 103)

음식 일반(분류번호 : 201)